Coffee & Espresso

ZABERT SANDMANN

Inhalt

Von Corretto bis Melange
Berühmte Kaffeeklassiker

Für den einen ist es unvorstellbar, den Tag ohne eine Tasse frisch gebrühten, heißen Filterkaffee zu beginnen. Der andere liebt es, in der gemütlichen Atmosphäre eines Wiener Kaffeehauses bei einem Braunen oder einer Melange sich in Ruhe seiner Zeitung widmen zu können. Für den Franzosen gehört zum Frühstück ein großer Milchkaffee, der Italiener trinkt mal eben im Vorübergehen an der Bar einen »Schnellen« (Espresso). So abwechslungsreich sich der Kaffeegenuss in den verschiedenen Kulturen entwickelt hat, so groß ist inzwischen die Auswahl an dem, was sich aus Kaffee alles zubereiten lässt. Gemeinsam ist allen das unvergleichliche Aroma.

BICERIN: ein Drittel Kaffee, ein Drittel Schokolade und ein Drittel Sahne; aus Turin

BIEDERMEIER: großer Mokka mit Aprikosenlikör und Schlagsahne (Österreich)

BRAUNER: österreichische Bezeichnung für schwarzen Kaffee mit Milch; klein oder groß

CAFÉ AU LAIT: französischer Milchkaffee, bei dem der Milchanteil überwiegt

CAFÉ BRÛLOT: flambierter Kaffee mit einer Mischung aus Cognac, Gewürzen und Zucker

1

CAFÉ CRÈME: französischer Espresso mit Milch, ähnlich dem Cappuccino

CAFÉ LIÉGOIS: französischer Eiskaffee mit Vanilleeis und Sahne

CAFÉ NATURE: französische Bezeichnung für einen schwarzen Kaffee

CAFÉ SERRÉ: französischer Espresso, der nur mit sehr wenig Wasser zubereitet wird

CAFÉ VIENNOIS: heißt in Frankreich der österreichische Einspänner

CAFFÈ AMERICANO: mit Wasser verlängerter Espresso; aus den USA, inzwischen auch in Italien gebräuchlicher Ausdruck

CAFFÈ CON PANNA: Lungo mit geschlagener Sahne

CAFFÈ CORRETTO (4): Espresso mit einem Schuss Grappa

CAFFÈ LATTE: italienischer Milchkaffee

CAFFÈ LUNGO: mit Wasser verlängerter Espresso

CAFFÈ MACCHIATO: macchiato bedeutet »gefleckt«; ein Espresso mit wenig Milch

2

3

CAFFÈ MOCHA: Mischung aus Kaffee und heißer Schokolade; aus den USA
CAFFÈ NERO: schwarzer Kaffee
CAPPUCCINO (1): Espresso mit einer Kapuze (»cappuccio«) aus aufgeschäumter Milch
CAPPUCCINO CON PANNA: Cappuccino statt mit Milchschaum mit Sahnehaube
DOPPIO: doppelter Espresso
EINSPÄNNER: im Glas und mit Schlagsahne (Schlagobers) servierter schwarzer Kaffee oder Mokka (Österreich)
FIAKER: Espresso oder Mokka mit Rum oder Cognac im Glas mit Schlagsahne, wie der Einspänner serviert
FRANZISKANER: sehr helle Melange mit Schlagobers (Schlagsahne)
HOT SHOT (7): heißer Espresso mit Likör und Sahne
IRISH COFFEE (6): heißer Kaffee, Zucker und Whiskey, mit halbsteifer Sahne
KAFFEE FERTIG: Kaffee mit Schnaps oder Obstler, wird in der Schweiz so getrunken wie hierzulande ein Grog
KAFFEEKASK: in Schweden beliebter Kaffee, der mit Aquavit verfeinert wird

4

6

5

KAFFEE PFLÜMLI: schwarzer Kaffee mit Pflaumenschnaps (Pflümli), wahlweise mit Schlagsahne serviert
KAHVE: türkischer Kaffee; mit Wasser, Zucker und Kaffeepulver im »cezve« mehrfach aufgekocht

7

KAISERMELANGE: Schwarzer, mit geschlagenem Eigelb und Honig oder Zucker verquirlt
KAPUZINER: großer Schwarzer mit einem Schuss Milch oder Schlagsahne (Österreich)
LATTE MACCHIATO (5): starker Espresso mit sehr viel aufgeschäumter Milch (siehe S. 9)
MARIA THERESIA: ein Mokka mit einem Schuss Orangenlikör (Österreich)
MARILOMAN (2): heißer Mokka mit Cognac (Österreich) oder abgewandelt Espresso mit Cointreau
MAZAGRAN: gesüßter und mit Eis gekühlter Mokka, mit Maraschino und Rum serviert
MELANGE: österreichische Variante des Milchkaffees; halb Kaffee, halb heiße Milch, mit viel Milchschaum serviert; kommt auch ohne Milchschaum vor
MOKKA: österreichischer kleiner Schwarzer, der besonders stark ist
PHARISÄER: Kaffee mit Zucker, Kakao und Rum, mit Schlagsahne garniert
RISTRETTO: Espresso mit sehr wenig Wasser
SCHÜMLI: Schweizer Kaffee, frisch gemahlen und in einer Dampfdruckmaschine wie Espresso zubereitet. Heißt nur hierzulande Schümli (Schäumchen). In der Schweiz ist es der »normale« Kaffee.
SCHWARZER: Kaffee pur ohne Milch oder Schlagsahne (Österreich)
VERLÄNGERTER: mit heißem Wasser zum »großen« verlängerter kleiner Schwarzer

Step by Step
Espresso, Cappuccino & Co.

Die italienische Kunst der Kaffeezubereitung hat sich hierzulande schon fast zu einem Kult entwickelt. Wer auch zu Hause nicht auf Espresso, Cappuccino und Latte macchiato verzichten will, kann mit der richtigen Ausstattung ganz einfach in den Genuss kommen. Es muss nicht gleich die riesige Profi-Kaffeemaschine sein. Mit einer kleinen Espressokanne und einem Milchaufschäumer für den Herd lässt sich die ganze Palette der italienischen Kaffeespezialitäten selbst zubereiten. Der Milchaufschäumer macht aus Milch ruckzuck echten Milchschaum. Die heiße Milch wird dabei durch einen Siebeinsatz gedrückt und das Milcheiweiß so schön schaumig geschlagen. Noch schneller geht's mit einem batteriebetriebenen Miniquirl. Einfach genial! Jetzt fehlen nur noch die passenden Tassen oder Gläser, um den kleinen Espresso stilvoll zu servieren, das Ganze mit aufgeschäumter Milch zum Cappuccino zu verlängern oder mit viel Milchschaum zum Latte macchiato zu krönen. Als Abschluss eines gelungenen Abendessens gehört der Espresso einfach dazu. Ganz klassisch ist er stark und heiß. Etwas weniger klassisch, dafür umso raffinierter, kommt er aus dem Tiefkühlfach – als Granité.

Espresso zubereiten

1 Espressokanne aufschrauben und mit der entsprechenden Menge Wasser füllen. Vorsicht: Das Ventil nicht mit Wasser bedecken.

2 Das Sieb in das untere Kannenteil setzen. Pro Tasse 1 TL Espressopulver einfüllen, glatt streichen, aber nicht andrücken.

3 Den Rand des Siebes säubern, das Oberteil fest darauf schrauben und die Kanne auf den Herd stellen.

4 Die Kanne auf der Herdplatte erhitzen und warten, bis der Espresso aus dem Steigrohr tropft. Espresso umrühren.

5 Espressotassen vorwärmen und den Espresso mit einem Schwung in die heißen Tassen füllen. Sofort servieren.

6 Die abgekühlte Kanne auseinander schrauben und das Sieb vorsichtig ausklopfen. Spülen und gut austrocknen.

Latte macchiato zubereiten

1 Das Sieb des Milchaufschäumers aus der Kanne nehmen. Die Kanne zu einem Drittel mit Milch füllen und erhitzen.

2 Die Milch nicht kochen lassen. Das Sieb wieder in die Kanne setzen und schnell auf und ab bewegen, bis ein schöner Schaum entsteht.

3 Den Milchschaum in Latte-macchiato-Gläser füllen. Langsam etwas fertigen Espresso in die heiße Milch gießen.

4 Der Latte macchiato sollte schön geschichtet sein: hell-, dunkelbraun und weiß. Schaum mit Kakaopulver bestäuben.

Kaffeegranité zubereiten

1 75 g Zucker mit 1/4 l Wasser aufkochen und etwa 1 Minute sprudelnd kochen lassen. Abkühlen lassen und mit 1/4 l doppeltem Espresso mischen.

2 Die Mischung in eine flache Schale füllen und 2 Stunden ins Gefrierfach stellen. Dabei 2- bis 3-mal umrühren, damit sich keine Eiskristalle bilden.

Muffins backen

1 In die Vertiefungen der Muffinform passende Papierbackförmchen setzen oder die Form fetten und mit Mehl bestäuben.

2 In einer Schüssel alle trockenen Zutaten vermischen. Die feuchten Zutaten in einer zweiten Schüssel verrühren.

3 Die feuchten zu den trockenen Zutaten geben. Alles kurz mit den Schneebesen des Handrührgeräts verrühren.

4 Den Teig in die Muffinvertiefungen geben.
Die Vertiefungen dabei höchstens zu drei Viertel mit dem Teig füllen.

Heißes & Kaltes

Orangenkaffee
und Kaffeepunsch

Besonders für kalte Tage: Mit etwas Hochprozentigem wird das schwarze Heißgetränk erst recht zum Magen- und Seelenwärmer

Zutaten

Für den Orangenkaffee:

1 unbehandelte Orange

6 Gewürznelken

3 EL brauner Zucker

300 ml heißer, starker Kaffee

4 cl Orangenlikör (z. B. Cointreau)

100 g Sahne

Für den Kaffeepunsch:

2 EL Rosinen · 4 EL Rum

2 frische Eigelb

2–3 EL Ahornsirup

6 EL Milch · 2 EL Sahne

1/4 l heißer, starker Kaffee

2 EL Vanilleeis

Zubereitung

FÜR JE 2 PERSONEN

1 Für den Orangenkaffee die Orange heiß waschen und trockenreiben. Für die Garnitur etwas Orangenschale abreiben und beiseite legen. 2 dicke Scheiben aus der Mitte der Orange schneiden, den Rest der Orange auspressen. Die Orangenscheiben mit den Gewürznelken spicken.

2 Den Zucker in einem kleinen Topf leicht karamellisieren lassen. Die gespickten Orangenscheiben dazugeben und mit dem frisch gepressten Orangensaft ablöschen. Das Ganze etwa 3 Minuten köcheln lassen, bis die Flüssigkeit sirupartig eingedickt ist. Den Kaffee und den Orangenlikör dazugeben und gut untermischen.

3 Die Sahne steif schlagen. Den Kaffee in 2 große Punschgläser gießen. Mit einem Löffel vorsichtig eine Sahnehaube darauf setzen und mit der Orangenschale garnieren.

4 Für den Kaffeepunsch die Rosinen in 2 Esslöffeln Rum einweichen und mindestens 1 Stunde ziehen lassen.

5 Das Eigelb mit Ahornsirup, Milch und Sahne im heißen Wasserbad mit einem Schneebesen schaumig aufschlagen. Kaffee und restlichen Rum dazugeben und noch kurz weiterschlagen.

6 Das heiße Getränk in hohe Punschgläser geben. Das Vanilleeis auf den Kaffee geben und die Rumrosinen darauf streuen.

Kaffeecocktail
mit Grappa

Zutaten

2 cl Grappa

200 ml heißer, starker Espresso

2–4 TL Zucker

200 ml Milch

Kakaopulver zum Bestäuben

Zubereitung

FÜR 2 PERSONEN

1 Den Grappa auf 2 hohe Gläser verteilen. Den Espresso mit dem Zucker verrühren, bis sich der Zucker aufgelöst hat. Zwei Drittel vom Espresso auf den Grappa gießen.

2 Die Hälfte der Milch erwärmen und mit dem restlichen Espresso vermischen. Die Milch-Espresso-Mischung vorsichtig über einen langen Löffel in die Gläser laufen lassen oder ganz langsam hineingießen. Auf diese Weise vermischen sich die Schichten nicht.

3 Die restliche Milch mithilfe der Dampfdüse der Espressomaschine, eines elektrischen Milchaufschäumer-Quirls oder eines Milchaufschäumers – wie auf Seite 9 beschrieben – aufschäumen und vorsichtig auf dem Espresso verteilen. Mit Kakaopulver bestäuben.

Special Coffee
mit Orangenlikör

Zutaten

1 TL Kakaopulver
2 Msp Zimtpulver
4 cl Orangenlikör
(z. B. Cointreau)
2–4 TL Zucker
200 ml heißer, starker Espresso
2 Zimtstangen
oder 2 Schoko-Löffel

Zubereitung

FÜR 2 PERSONEN

1 Kakaopulver und Zimt auf 2 Gläser oder Tassen verteilen. Jeweils 2 cl Orangenlikör dazugießen, den Zucker dazugeben und umrühren.

2 Den heißen Espresso auf die Gläser oder Tassen verteilen oder direkt aus der Espressomaschine in die Gläser oder Tassen laufen lassen.

3 Jeweils 1 Zimtstange oder 1 Schoko-Löffel in den Kaffee geben, wie einen Löffel zum Umrühren benutzen und sofort servieren.

4 Dazu schmecken die Brownies mit Walnüssen von Seite 66 oder der Schokokuchen mit Orangenzesten von Seite 69.

Vanille-Milchkaffee und Nusskaffee

Wahre Muntermacher: Vanillekaffee weckt morgens die Lebensgeister, in den Nachmittagskaffee darf ein kleiner Extra-Schuss hinein

Zutaten

Für den Vanille-Milchkaffee:

1 Vanilleschote

300 ml Milch

300 ml heißer, starker Kaffee

Für den Nusskaffee:

80 ml Milch

2 EL gemahlene Haselnüsse

2–4 TL Zucker

2 cl Nusslikör

300 ml heißer, starker Kaffee

Zubereitung

FÜR JE 2 PERSONEN

1 Für den Vanille-Milchkaffee die Vanilleschote der Länge nach aufschneiden und das Mark herauskratzen. Vanillemark und -schote mit der Milch in einem kleinen Topf kurz aufkochen lassen und die Schote wieder entfernen. Die Milch mit einem Schneebesen aufschäumen.

2 Den Kaffee auf 2 hohe Gläser verteilen und mit der aufgeschäumten Milch aufgießen. Nach Belieben mit Zucker süßen und mit Vanillestangen dekorieren.

3 Für den Nusskaffee die Milch mit den gemahlenen Haselnüssen und dem Zucker aufkochen. Vom Herd nehmen und mit dem Handrührgerät etwa 30 Sekunden schlagen. Den Nusslikör darunter rühren.

4 Den Kaffee auf 2 Tassen verteilen. Die Haselnussmilch durch ein Sieb dazugießen und verrühren.

Tipp

Neben Gewürzen wie Anis, Zimt, Kardamom und Muskatnuss können Sie Kaffee auch mit Schokoladensirup, Karamell sowie gemahlenen Nüssen und Pistazien aromatisieren.

Café de Cuba
mit Rum und Limette

Da kommt karibisches Feeling auf: Mit Rum und Limettensaft ist dieser eisgekühlte Kaffeecocktail genau das Richtige für heiße Nächte

Zutaten

300 ml heißer, starker Kaffee
60–80 g Puderzucker
4 cl weißer Rum
2 TL Limettensaft
6 Eiswürfel
4 EL Sahne
2 unbehandelte Zitronenscheiben
1 TL Kaffeepulver

Zubereitung

FÜR 2 PERSONEN

1 Den Kaffee mit dem Puderzucker gut verrühren und im Kühlschrank mindestens 30 Minuten kalt stellen.

2 Den Rum und den Limettensaft zum abgekühlten Kaffee geben und vermischen.

3 Eiswürfel grob zerstoßen und in 2 große Eiskaffeegläser geben. Die Kaffee-Rum-Mischung darüber gießen.

4 Die Sahne cremig aufschlagen. Vorsichtig mit einem Löffel eine Sahnehaube auf das Kaffeegemisch setzen.

5 Für die Garnitur die Zitronenscheiben in etwas Kaffeepulver wenden und an den Glasrand stecken. Den Kaffeecocktail nach Belieben noch mit Minzeblättern garnieren.

Tipp

Etwas milder im Geschmack wird der Café de Cuba, wenn Sie statt weißem Rum braunen Rum und statt Limettensaft Orangensaft verwenden. Dann erst zum Schluss mit Puderzucker süßen.

Orientalischer Kaffee

mit Zimt und Kardamom

Zutaten

$1/4$ l Milch

2–3 TL Espressopulver

1–2 TL brauner Zucker

$1/2$ Zimtstange

$1/2$ TL Kardamomsamen

1 Prise frisch geriebene Muskatnuss

Zubereitung

FÜR 2 PERSONEN

1 Milch und 100 ml Wasser in einem kleinen Topf aufkochen und vom Herd nehmen.

2 Das Espressopulver, den Zucker, die Zimtstange, die Kardamomsamen und die Muskatnuss in die heiße Flüssigkeit geben und etwa 3 Minuten darin ziehen lassen.

3 Den gewürzten Kaffee durch ein feines Sieb gießen und zurück in den Topf geben. Den Topf wieder auf den Herd stellen. Den Kaffee heiß werden lassen und mit einem Schneebesen oder mit dem Milchaufschäumer schaumig aufschlagen. Den Kaffee sofort in Tassen füllen und heiß servieren.

Café mexicano
mit Schokolade

Zutaten

2 Stück Zartbitter-
schokolade (20 g)
etwas Zimtpulver
1/4 l heißer, starker Kaffee
4 cl Kahlúa (Kaffeelikör)
2 Zimtstangen

Zubereitung

FÜR 2 PERSONEN

1 Zwei Kaffeetassen vorwärmen. In jede Tasse 1 Stück Zartbitterschokolade und 1 Prise Zimt geben.

2 Den Kaffee mit dem Kaffeelikör mischen und über die Schokolade gießen. Mit einem Löffel vorsichtig umrühren, bis die Schokolade zu schmelzen beginnt.

3 Den fertigen Café mexicano mit je 1 Zimtstange anstelle eines Löffels servieren.

4 Dazu schmecken die Cookies mit Erdnüssen von Seite 75 oder auch die herzhaften Maismuffins mit Paprika und Käse von Seite 126.

Mandel-Eiskaffee
und Kaffee-Frappé

Zwei erfrischende Sommerhits: Gibt es etwas Schöneres, als an heißen Tagen im Freien zu sitzen und Eiskaffee zu löffeln?

Zutaten

Für den Eiskaffee:

50 g Sahne

2 Kugeln Vanilleeis

ca. 1/4 l kalter, starker Kaffee

2 cl Mandelsirup oder Amaretto

Mandelsplitter und

Schokospäne zum Garnieren

Für das Kaffee-Frappé:

1/2 Zimtstange

1 Stück unbehandelte

Orangenschale

2 Gewürznelken

300 ml heißer, starker Kaffee

ca. 6 Eiswürfel

4–6 TL brauner Zucker

4 EL Sahne

Zubereitung

FÜR JE 2 PERSONEN

1 Für den Eiskaffee die Sahne mit einem Schneebesen oder dem Handrührgerät cremig aufschlagen.

2 Das Vanilleeis auf 2 große Gläser verteilen. Den Kaffee mit dem Mandelsirup oder Amaretto mischen und darüber gießen.

3 Beide Gläser mit einer Sahnehaube garnieren und mit Mandelsplittern und Schokospänen bestreuen.

4 Für das Kaffee-Frappé die Zimtstange, die Orangenschale und die Gewürznelken in einen kleinen Topf geben und den heißen Kaffee darüber gießen. Etwas abkühlen lassen.

5 Die Kaffeemischung zugedeckt im Kühlschrank mindestens 2 Stunden ziehen lassen. Der Kaffee sollte den Geschmack der Gewürze annehmen und kalt werden.

6 Den Kaffee durch ein Sieb gießen und im Mixer mit den Eiswürfeln und dem Zucker gut durchmixen, bis die Eiswürfel zerkleinert sind.

7 Die Sahne dazugeben und alles zusammen im Mixer schaumig aufschlagen. Das Kaffee-Frappé in Longdrinkgläser gießen und sofort servieren.

Gewürz-Kaffee
mit Cognac und Likör

Orient trifft auf Okzident: Frischer Kaffee wird mit exotischen Gewürzen parfümiert und mit französischem Weinbrand verfeinert

Zutaten

abgeriebene Schale von
½ unbehandelten Orange
½ Zimtstange
4 grüne Kardamomkapseln
2 EL Zucker
⅛ l Cognac
3 cl Orangenlikör
(z. B. Cointreau)
50 g Sahne
¼ l heißer, starker Kaffee
1 TL fein gehackte Pistazien

Zubereitung

FÜR 2 PERSONEN

1 Etwas Orangenschale zum Garnieren beiseite legen, den Rest in einen Topf geben. Die Zimtstange grob zerkleinern, mit dem Kardamom im Mörser zerdrücken und ebenfalls in den Topf geben.

2 Den Zucker, den Cognac und den Orangenlikör zu den Gewürzen geben und alles unter Rühren langsam erhitzen, bis sich der Zucker aufgelöst hat.

3 Die Sahne steif schlagen. Den Topf vom Herd nehmen, die Weinbrandmischung mit einem langen Streichholz anzünden, flambieren und ausbrennen lassen.

4 Den Kaffee hinzufügen und durch ein Sieb in 2 Tassen gießen. Die Sahne darauf verteilen und mit den Pistazien und der restlichen Orangenschale bestreuen.

Tipp

Kardamom besitzt einen leicht scharfen, sehr würzigen Geschmack. Man verwendet entweder die grünen Kapseln im Ganzen oder die ausgelösten und nach Belieben gemahlenen schwarzen Samen.

Kaffee-Smoothie
und Coffee on the rocks

Etwas mehr als kalter Kaffee: Gut geschüttelt, machen diese coolen Mixgetränke jedem Cocktail Konkurrenz

Zutaten

Für den Kaffee-Smoothie:

400 ml heißer, starker Kaffee

1–2 EL brauner Zucker

2 Bananen · 1/2 Vanilleschote

2 EL fein gemahlene Mandeln

2 TL Ahornsirup

4–6 Eiswürfel

Minze zum Garnieren

Für den Coffee on the rocks:

ca. 8 Eiswürfel

4 TL Puderzucker

200 ml kalter, starker Kaffee

2 cl Cognac

2 cl Orangenlikör (z. B. Cointreau)

Zubereitung

FÜR JE 2 PERSONEN

1 Für den Kaffee-Smoothie den heißen Kaffee mit dem Zucker vermischen, bis dieser sich aufgelöst hat. Abgedeckt mindestens 30 Minuten im Kühlschrank kalt stellen.

2 Die Bananen schälen und in grobe Stücke schneiden. Die Vanilleschote der Länge nach aufschneiden und das Mark herauskratzen.

3 Die Bananenstücke und das Vanillemark mit dem Kaffee, den Mandeln und dem Ahornsirup in einen Mixer geben und pürieren. Die Eiswürfel dazugeben und nochmals durchmixen, bis die Eiswürfel grob zerkleinert sind.

4 Den Smoothie in 2 Longdrinkgläser füllen und mit Bananenscheiben und Minze dekorieren.

5 Für den Coffee on the rocks einen Shaker etwa zu zwei Dritteln mit Eiswürfeln füllen. Die restlichen Zutaten dazugeben und alles gut durchmixen.

6 Jeweils 2 Eiswürfel in Whisk(e)ygläser geben. Den Drink durch ein Barsieb in die vorbereiteten Gläser gießen.

Kahlúa-Kaffee
mit Walnusseis

Zutaten

4 EL Sahne

2 cl Kahlúa (Kaffeelikör)

300 ml heißer, starker Kaffee

2 EL Ahornsirup

2 Kugeln Walnusseis

2 Walnusskernhälften

zum Garnieren

Zubereitung

FÜR 2 PERSONEN

1 Die Sahne mit dem Kaffeelikör in einen kleinen Topf geben und kurz erwärmen.

2 Den Kaffee mit dem Ahornsirup vermischen und auf 2 Tassen verteilen. Jeweils die Hälfte der Likör-Sahne in die Tassen geben.

3 Das Walnusseis darauf setzen und mit je 1 Walnusskernhälfte garnieren.

4 Dazu schmecken die Zimtkekse von Seite 94 oder die Kartoffelhörnchen mit Schafskäsefüllung von Seite 114.

Frappuccino
mit Orangen

Zutaten

2 Orangen
2 EL Zucker
1 Päckchen Vanillezucker
2–3 cl Orangenlikör
(z. B. Cointreau)
120 g Joghurt
100 ml kalter, starker Espresso
80 ml Milch
6–8 Eiswürfel
Minze zum Garnieren

Zubereitung

FÜR 2 PERSONEN

1 Eine Orange halbieren und den Saft auspressen. Die zweite Orange so großzügig schälen, dass auch die weiße Haut mit entfernt wird. Mit einem scharfen Messer die Fruchtfilets aus den Trennhäuten schneiden. Dann in Stücke schneiden und dabei den Saft auffangen. Die Reste auspressen.

2 Die Orangenstücke mit dem Saft in den Mixer geben. Den Zucker, den Vanillezucker, den Orangenlikör, den Joghurt, den Espresso und die Milch hinzufügen und alles pürieren.

3 Dann die Eiswürfel im Mixer oder im Icecrusher zerkleinern und auf 2 hohe Gläser verteilen. Den Frappuccino in die Gläser füllen und mit der Minze garnieren. Nach Belieben mit Amarettini servieren.

Desserts & Pralinen

Cappuccinocreme
mit Sahne und Vanille

Cremiger Kaffeegenuss: Echte Vanille und sahniger Schmelz machen diesen süßen Traum nicht nur als Dessert unwiderstehlich

Zutaten

4 Blatt Gelatine
1 Vanilleschote
1/4 l starker Kaffee
3 Eigelb
80 g Zucker
200 g Sahne

Zubereitung

FÜR 4–6 PERSONEN

1 Die Gelatine in kaltem Wasser etwa 10 Minuten einweichen. Die Vanilleschote der Länge nach aufschneiden und mit dem Kaffee bei starker Hitze einmal aufkochen. Den Kaffee vom Herd nehmen und die Schote entfernen.

2 Das Eigelb mit dem Zucker und 6 Esslöffeln Kaffee gründlich verrühren. Unter ständigem Rühren den restlichen Kaffee nach und nach unterrühren. Dabei immer nur so viel dazugeben, dass das Eigelb nicht durch den heißen Kaffee gerinnt. Die Masse weiterschlagen, bis sie dickschaumig ist.

3 Die Gelatine tropfnass zur Creme geben und darin auflösen. Die Creme unter Rühren im kalten Wasserbad abkühlen lassen.

4 Die Sahne steif schlagen und unter die Creme heben. Die Cappuccinocreme in Gläser füllen und mindestens 3 Stunden im Kühlschrank fest werden lassen. Nach Belieben mit geschlagener Sahne garnieren und mit Kakaopulver bestäuben.

Tipp

Sie können die Cappuccinocreme auch noch mit Zimtpulver aromatisieren oder, wenn keine Kinder mitessen, mit etwa 2 cl Kahlúa (Kaffeelikör) oder Cognac verfeinern.

Kaffeesoufflé
mit Schokolade

Immer schön locker bleiben: Das zarte Gebäck wächst über sich hinaus, wenn es beim Backen nicht gestört wird

Zutaten

1/8 l Milch
50 g Zartbitterschokolade
20 g Butter
20 g Mehl
2 cl Kahlúa (Kaffeelikör)
1 TL Instant-Kaffeepulver
3 Eiweiß
2 Eigelb
Fett und Zucker
für die Förmchen

Zubereitung

FÜR 4 PERSONEN

1 Den Backofen auf 200 °C vorheizen. Die Milch in einem Topf erhitzen. Die Schokolade in Stücke brechen, in die Milch geben und schmelzen lassen.

2 Die Butter in einem zweiten Topf schmelzen, das Mehl unterrühren und mit der Schokoladenmilch ablöschen.

3 Den Kaffeelikör und das Kaffeepulver dazugeben. Die Masse unter Rühren einmal aufkochen lassen. Sofort 1 Eiweiß unterrühren und die Masse abkühlen lassen.

4 Nach und nach das Eigelb unter die Masse rühren. Restliches Eiweiß steif schlagen und vorsichtig unterheben.

5 Vier Souffléförmchen einfetten und mit Zucker ausstreuen. Die Masse nicht ganz bis zum Rand in die Förmchen füllen. Die Förmchen in eine Auflaufform oder auf ein tiefes Backblech stellen, so viel Wasser auffüllen, dass die Förmchen bis zur Hälfte darin stehen.

6 Die Soufflés im Backofen auf der mittleren Schiene etwa 20 Minuten backen. Aus den Förmchen lösen oder sofort in den Förmchen servieren.

Kaffee-Eis
mit Grapefruit

Zutaten

6 Eigelb

200 g Zucker

1/8 l heißer, starker Kaffee

500 g Sahne

2 cl Cognac

1 Grapefruit

Zubereitung

FÜR 6–8 PERSONEN

1 Das Eigelb mit dem Zucker cremig rühren, den Kaffee und etwa 150 g Sahne dazugeben und im heißen Wasserbad dickcremig aufschlagen. Den Cognac hinzufügen und die Masse im kalten Wasserbad so lange rühren, bis sie abgekühlt ist.

2 Die restliche Sahne steif schlagen und unter die erkaltete Creme ziehen. Eine Kastenform mit Frischhaltefolie auskleiden und die Creme darin verteilen.

3 Die Creme so lange ins Tiefkühlfach stellen, bis sie gefroren ist. Die Grapefruit so großzügig schälen, dass auch die weiße Haut mit entfernt wird. Mit einem scharfen Messer die Filets aus den Trennhäuten schneiden.

4 Zum Servieren das Kaffee-Eis etwas antauen lassen, in Gläser füllen und mit den Grapefruitfilets garnieren.

Geeiste Kaffeecreme
mit Sahneschaum

Zutaten

Für den Schaum:
100 g Sahne
2 EL Kaffeebohnen
1 EL Zucker
Für die Creme:
4 Eigelb · 90 g Zucker
80 ml starker Kaffee
1 EL Instant-Kaffeepulver
1 1/2 Blatt Gelatine
3 EL Rum
200 g Sahne
Kaffee- oder Kakaopulver
zum Bestäuben

Zubereitung

FÜR 6 PERSONEN

1 Für den Schaum Sahne, Kaffeebohnen und Zucker vermischen und zugedeckt 1 Tag im Kühlschrank ziehen lassen.

2 Für die Creme das Eigelb mit der Hälfte des Zuckers cremig rühren. Kaffee, Kaffeepulver und restlichen Zucker aufkochen lassen. Unter die Eigelbmasse rühren und schaumig schlagen. Die Gelatine in kaltem Wasser einweichen. Rum erwärmen, Gelatine ausdrücken und darin auflösen. Unter die Creme rühren und so lange rühren, bis die Kaffeecreme abgekühlt ist.

3 Die Sahne steif schlagen und unter die Creme ziehen. 6 Kaffeetassen oder Förmchen mit der Creme nicht ganz bis zum Rand füllen. Die Creme einige Stunden im Tiefkühlfach gefrieren lassen.

4 Für den Schaum die Sahne mit den Kaffeebohnen durch ein Sieb gießen und die Sahne schaumig schlagen. Auf die geeiste Creme verteilen. Mit Kaffee- oder Kakaopulver bestäuben und nach Belieben mit Früchten garnieren.

Stachelbeerkompott
mit Kaffee und Weißwein

Zum Finale etwas Außergewöhnliches: Das fruchtige Dessert bekommt durch das Kaffeepulver einen raffinierten Aromakick

Zutaten

500 g Stachelbeeren
140 g Zucker
1/2 l Weißwein
1/2 TL Kaffeepulver
20 g Speisestärke
100 g Sahne
2 EL gehackte Pistazien

Zubereitung

FÜR 4 PERSONEN

1 Die Stachelbeeren waschen, trockentupfen und mit dem Zucker, dem Wein und dem Kaffeepulver in einen Topf geben. Zum Kochen bringen und bei schwacher Hitze etwa 5 Minuten köcheln lassen.

2 Die Speisestärke mit 2 Esslöffeln kaltem Wasser glatt rühren und zu den Stachelbeeren geben. Das Kompott unter Rühren noch einmal aufkochen lassen, in eine Glasschüssel füllen und etwa 1 Stunde im Kühlschrank kalt stellen.

3 Die Sahne steif schlagen. Das Stachelbeer-Kaffee-Kompott auf 4 Schälchen verteilen, je einen Klecks Sahne darauf setzen und mit den Pistazien bestreuen.

Tipp

Anstelle von Weißwein kann man das Kompott auch mit weißem Traubensaft zubereiten. Da dieser sehr süß ist, am besten nur 350 ml Saft und zusätzlich 150 ml Wasser nehmen.

Kaffee-Kokos-Creme
mit Himbeeren

Gut gebettet: Frische Früchte harmonieren aufs Beste mit einer exotischen Creme aus Kaffee und Kokosmilch

Zutaten

150 g Vollmilchschokolade
2 Blatt Gelatine
100 ml Kokosmilch (aus der Dose)
4 EL Instant-Kaffeepulver
2 Eier
2 cl Kahlúa (Kaffeelikör)
Salz · 30 g Zucker
400 g Sahne
250 g Himbeeren
1 Banane
Kokosmilch, Kokosraspel und Kokoschips zum Garnieren

Zubereitung

FÜR 4 PERSONEN

1 Schokolade hacken und im heißen Wasserbad schmelzen lassen. Die Gelatine in kaltem Wasser einweichen. Kokosmilch mit dem Kaffeepulver verrühren.

2 Dann 1 Ei trennen, Eigelb und restliches Ei mit der Kaffee-Kokos-Creme im heißen Wasserbad dickschaumig aufschlagen. Die Gelatine ausdrücken und in der Creme auflösen. Die Schokolade und den Kaffeelikör unterrühren. Die Masse im Kühlschrank kalt stellen.

3 Das Eiweiß mit 1 Prise Salz steif schlagen, dabei den Zucker einrieseln lassen. Die Sahne steif schlagen und beides nacheinander vorsichtig unter die Creme heben.

4 Die Himbeeren verlesen, die Banane schälen und in Scheiben schneiden. Zum Verzieren der 4 Dessertgläser die Ränder der Gläser zuerst in etwas Kokosmilch tauchen und dann in den Kokosraspeln drehen.

5 Die Hälfte der Creme in Gläser füllen, darüber die Früchte verteilen (einige schöne Himbeeren beiseite legen) und die restliche Creme darauf geben. Mindestens 4 Stunden im Kühlschrank kalt stellen. Zum Servieren mit den restlichen Himbeeren belegen und mit Kokoschips garnieren.

Geeiste Kaffeetorte
mit Pistazien

Wer kann da widerstehen? Diese eiskalte Köstlichkeit braucht zwar etwas Zeit, überzeugt aber nicht nur Kaffeetrinker

Zutaten

350 g Sahne
100 g grob zerstoßene Kaffeebohnen
7 Eigelb
75 g Zucker
3 Eiweiß
50 g Mehl
1 EL Speisestärke
Fett für das Backblech
3 Blatt Gelatine
100 g weiße Kuvertüre
100 g Zartbitterkuvertüre
4 Päckchen Vanillezucker
2 EL gehackte Pistazien

Zubereitung

FÜR 6 PERSONEN

1 Die Sahne und die Kaffeebohnen in eine Schüssel geben und abgedeckt im Kühlschrank 12 Stunden ziehen lassen.

2 Den Backofen auf 180 °C vorheizen. 3 Eigelb mit dem Zucker schaumig schlagen. Eiweiß steif schlagen und darauf geben, Mehl und Stärke darüber sieben. Alles locker zu einem Biskuitteig verarbeiten. Ein Backblech einfetten und den Teig auf die Hälfte des Blechs streichen. Den Biskuit im Backofen etwa 12 Minuten backen und auskühlen lassen.

3 Die Gelatine 10 Minuten in kaltem Wasser einweichen. Die beiden Kuvertüren getrennt voneinander im heißen Wasserbad schmelzen lassen.

4 Das restliche Eigelb mit dem Vanillezucker im heißen Wasserbad hellschaumig schlagen. Gelatine ausdrücken und in der warmen Creme auflösen, die weiße Kuvertüre unterrühren und abkühlen lassen.

5 Die Sahne mit den Kaffeebohnen durch ein Sieb gießen, die Sahne steif schlagen und unter die Kuvertürecreme heben.

6 Den Biskuit der Länge nach halbieren und in Größe einer Kastenform (etwa 2 l Inhalt) zuschneiden. Den Biskuit und die Creme abwechselnd in die Kastenform schichten, dabei den Biskuit mit dunkler Kuvertüre bestreichen. In die letzte Cremeschicht die Pistazien streuen. Die Kaffeetorte mindestens 6 Stunden ins Tiefkühlfach stellen. Zum Servieren aus der Form stürzen und in Scheiben schneiden.

Kaffeemousse
mit Sahnehäubchen

Zutaten

150 g Vollmilchschokolade
2 Blatt Gelatine
4 EL Instant-Kaffeepulver
600 g Sahne
2 Eier
2 EL Zucker
2 cl Kahlúa (Kaffeelikör)
Salz
2 EL Kakaopulver

Zubereitung

FÜR 6 PERSONEN

1 Die Schokolade hacken und in einer Metallschüssel im heißen Wasserbad unter Rühren schmelzen und etwas abkühlen lassen. Die Gelatine in kaltem Wasser einweichen.

2 Das Kaffeepulver mit 100 g Sahne verrühren. 1 Ei trennen. Eigelb und 1 Ei mit Zucker und Kaffeesahne im heißen Wasserbad dickschaumig aufschlagen. Die Gelatine ausdrücken und unter Rühren in der Creme auflösen. Schokolade und Kaffeelikör unterrühren. Die Creme kühl stellen, bis sie zu gelieren beginnt.

3 Das Eiweiß mit 1 Prise Salz steif schlagen. 400 g Sahne ebenfalls steif schlagen. Zuerst die Schlagsahne, dann den Eischnee vorsichtig mit einem Schneebesen unter die gelierende Kaffeecreme heben.

4 Die Kaffeemousse in 6 Tassen füllen und mindestens 4 Stunden im Kühlschrank kalt stellen. Die restliche Sahne steif schlagen und vor dem Servieren als Häubchen auf die Tassen setzen. Die Kaffeemousse mit Kakaopulver bestäuben.

Mokkacreme

mit Mascarpone

Zutaten

100 g Mokkaschokolade
1 Vanilleschote
250 g Mascarpone
125 g Magerquark
5–6 EL Zucker
4 EL kalter, starker Espresso
150 g Sahne
Espressobohnen und
Orangenzesten zum Garnieren

Zubereitung

FÜR 4 PERSONEN

1 Die Schokolade hacken, im heißen Wasserbad schmelzen und etwas abkühlen lassen. Die Vanilleschote der Länge nach aufschneiden und das Mark herauskratzen.

2 Den Mascarpone mit dem Quark, dem Zucker, dem Vanillemark und dem Espresso in einer Rührschüssel gut verrühren. Die geschmolzene Schokolade unterrühren.

3 Die Sahne steif schlagen und zwei Drittel davon unter die Mascarponemasse heben. Die Espressocreme auf 4 Gläser oder Schälchen verteilen und mindestens 1 Stunde im Kühlschrank kalt stellen.

4 Zum Servieren die restliche geschlagene Sahne als Kleckse auf die Mokkacreme setzen. Mit Espressobohnen und Orangenzesten garnieren und nach Belieben mit Puderzucker bestäuben.

Tiramisu mit Amaretto

Der Klassiker aus Italien, der immer wieder für Furore sorgt: Nicht ohne Grund heißt er übersetzt »zieh mich hoch«

Zutaten

200 ml heißer, starker Espresso
2 EL Amaretto
4 Eigelb
80 g Zucker
1/2 Vanilleschote
500 g Mascarpone
150 g Löffelbiskuits
Kakaopulver zum Bestäuben

Zubereitung

FÜR 4 PERSONEN

1. Den Espresso in einer kleinen Schüssel mit dem Amaretto vermischen und abkühlen lassen.
2. Eigelb und Zucker so lange schaumig schlagen, bis sich der Zucker aufgelöst hat. Die Vanilleschote der Länge nach aufschneiden und das Mark herauskratzen. Zur Creme geben. Den Mascarpone nach und nach unterrühren.
3. Eine runde oder rechteckige Form mit der Hälfte der Löffelbiskuits auslegen und mit etwa 100 ml Espresso tränken. Die Hälfte der Mascarponecreme darauf verteilen und glatt streichen. Mit den restlichen Biskuits belegen, mit Espresso tränken und die restliche Creme darauf verteilen.
4. Die Form mit Frischhaltefolie abdecken und einige Stunden im Kühlschrank kalt stellen. Das Tiramisu vor dem Servieren dick mit Kakaopulver bestäuben.

Tipp

Anstelle des Amarettos können Sie auch Weinbrand verwenden. Einen fruchtigen, frischen Geschmack erhält die Creme, wenn man 1 TL abgeriebene unbehandelte Zitronenschale unterrührt.

Kaffeepudding auf Mangosauce

Gegensätze, die begeistern: Der Mix aus zartbitterem Pudding und süßem Fruchtpüree macht Naschkatzen garantiert schwach

Zutaten

90 g Zucker

2 Eigelb · 3 Eier

1/4 l Milch

1/4 l starker Kaffee

100 g Zucker

2 cl Orangenlikör

(z. B. Cointreau)

Öl für die Förmchen

2 Mangos

etwas Apfelsaft

Zubereitung

FÜR 6 PERSONEN

1 Den Zucker mit dem Eigelb und den Eiern in einer Schüssel gut verrühren, aber nicht schaumig schlagen. Die Milch mit dem Kaffee in einem Topf aufkochen und nach und nach unter die Eier-Zucker-Mischung rühren.

2 Den Backofen auf 180 °C vorheizen. 6 Portionsförmchen einfetten. Den Zucker mit 2 Esslöffeln Wasser aufkochen und bei schwacher Hitze köcheln lassen, bis der Zucker goldbraun ist. Sofort etwa 3 mm hoch in die Förmchen füllen.

3 Die Eiermilch durch ein Sieb gießen, den Orangenlikör unterrühren und in die Förmchen füllen. Die Förmchen in eine Auflaufform oder auf ein tiefes Backblech stellen, so viel Wasser auffüllen, dass die Förmchen bis zur Hälfte darin stehen. Den Pudding im Backofen auf der mittleren Schiene etwa 30 Minuten stocken lassen. Abkühlen lassen.

4 Inzwischen die Mangos schälen, das Fruchtfleisch vom Stein schneiden und mit Apfelsaft schaumig pürieren. Zum Servieren die Mangosauce auf 6 Dessertteller verteilen. Den Kaffeepudding mit einem spitzen Messer vom Förmchenrand lösen und auf die Mangosauce stürzen. Nach Belieben mit Mangospalten und Physalis servieren.

Tipp

Während der Orangensaison kann man den Kaffeepudding auch mit marinierten Orangen servieren. Dafür die Fruchtfilets von 2 Orangen mit 2 EL Orangenlikör und 4 EL Orangensaft vermischen.

Espressomousse
auf Löffelbiskuits

Zutaten

220 g weiße Kuvertüre
3 Eigelb
3 EL Instant-Espressopulver
2 EL Whisk(e)y
2 EL Puderzucker
2 Blatt Gelatine
250 g Sahne
20–30 Löffelbiskuits
(vom Bäcker oder Konditor)
Puderzucker zum Bestäuben
Kaffeebohnen zum Garnieren

Zubereitung

FÜR 20–30 STÜCK

1 Die Kuvertüre in grobe Stücke brechen und in den Mixer geben. Etwa 30 Sekunden auf höchster Stufe zerkleinern. In einen Topf füllen und Eigelb, Espressopulver, Whisk(e)y und Puderzucker dazugeben.

2 Die Gelatine in kaltem Wasser einweichen. Das Schokoladengemisch erwärmen und alles gut miteinander vermischen. Die Gelatine ausdrücken und unter die Masse rühren.

3 Die Espressomousse in eine Schüssel füllen und kalt stellen. Die Sahne steif schlagen und gleichmäßig unter die Mousse ziehen. Erneut kalt stellen und die Masse in einen Spritzbeutel füllen, sobald sie fest geworden ist.

4 Jeweils 2 Löffelsbiskuits mit etwas Creme dazwischen zusammensetzen und mit Puderzucker bestäuben. Die restliche Creme auf die Löffelbiskuits spritzen und mit je 1 Kaffeebohne garnieren.

Weinbrandtrüffel in Kakaohülle

Zutaten

100 g Vollmilchschokolade

50 g Zartbitterschokolade

125 g weiche Butter

125 g Puderzucker

2 cl Weinbrand

3 EL Kakaopulver

Kakaopulver für den Überzug

Zubereitung

FÜR CA. 30 STÜCK

1 Die beiden Schokoladensorten hacken und im heißen Wasserbad schmelzen lassen. Butter und Puderzucker in einer Schüssel schaumig rühren. Die Schokolade löffelweise dazugeben und unterrühren.

2 Zum Schluss den Weinbrand und den Kakao hinzufügen und untermischen. Die Masse abgedeckt 20 Minuten im Kühlschrank ruhen lassen.

3 Von der Schokoladenmasse mit einem Teelöffel kleine Portionen abstechen. Die kalten Hände mit Kakaopulver bestäuben und aus den Portionen Kugeln rollen.

4 Die Kugeln im Kakaopulver wälzen. Die Trüffel zum Servieren in weiße Papierpralinenförmchen setzen. Im Kühlschrank aufbewahren.

Zweierlei Konfekt
mit Mokkabohnen

Hier haben Sie es schwarz auf weiß: Zum Kaffee, Espresso oder Cappuccino gehört etwas feines Süßes einfach dazu

Zutaten

Für das helle Konfekt:

12 Blatt Gelatine
500 g Sahne
70 ml Milch
70 g Zucker
1 Päckchen Vanillezucker

Für das dunkle Konfekt:

30 g Amaretti (ital. Mandelkekse)
3 Eier · 2 Eiweiß
60 g Zucker
ca. 450 ml Milch
1 EL Instant-Kaffeepulver
1 EL Kakaopulver
2 EL Rum
Fett für die Form

Außerdem:

geschlagene Sahne zum Garnieren
ca. 40 Mokka-Schokobohnen

Zubereitung

FÜR 8 PERSONEN

1 Für das helle Konfekt die Gelatine in kaltem Wasser einweichen. Sahne und Milch mit Zucker und Vanillezucker in einem Topf langsam erhitzen, aber nicht kochen lassen, und etwa 10 Minuten mit einem Schneebesen schlagen. Die Gelatine gut ausdrücken, in der heißen Sahne auflösen und gründlich verrühren. In eine flache, rechteckige Form gießen und 12 Stunden in den Kühlschrank stellen.

2 Für das dunkle Konfekt den Backofen auf 180 °C vorheizen. Die Amaretti in einen Gefrierbeutel geben und mit dem Nudelholz sehr fein zerkrümeln. Die Eier und das Eiweiß mit dem Zucker kräftig verrühren, aber nicht schaumig schlagen. Die Milch lauwarm erhitzen.

3 Amaretti, Kaffeepulver, Kakao und Rum mit etwas lauwarmer Milch unter die Eiercreme rühren, dann nach und nach die restliche Milch unterrühren. Eine zweite rechteckige Form einfetten und die Mischung hineingießen. Die Masse sollte die gleiche Höhe haben wie die helle Konfektmasse, falls nötig, etwas Milch dazugeben.

4 Die Form mit Alufolie abdecken und in ein tiefes Backblech stellen. Das Backblech bis etwa fingerbreit unter den Rand mit kochendem Wasser füllen und die Masse im Backofen etwa 30 Minuten stocken lassen. Herausnehmen, etwas abkühlen und im Kühlschrank auskühlen lassen.

5 Zum Anrichten beide Konfektsorten in Quadrate von gleicher Größe schneiden. Die Quadrate schachbrettartig auf eine Platte setzen. Die dunklen Konfektstücke mit je einem Tupfer Sahne, die hellen mit je einer Mokka-Schokobohne garnieren.

Schoko-Nuss-Gebäck
mit Baiser

Klein, aber unwiderstehlich: Von diesen raffinierten Pralinen mit Knusperhaube können Ihre Gäste sicher nicht die Finger lassen

Zutaten

80 g Mokkaschokolade
3 TL Instant-Espressopulver
200 g weiche Butter
120 g brauner Zucker
2 Eier
200 g Mehl
50 g gemahlene Haselnüsse
1 TL Backpulver
1 Prise Kardamompulver
2 Eiweiß
120 g Zucker
geschlagene Sahne und
Kakaopulver zum Garnieren

Zubereitung

FÜR CA. 60 STÜCK

1 Den Backofen auf 175 °C vorheizen. Ein Backblech mit Backpapier auslegen. Die Schokolade mit einem großen Messer hacken. Das Espressopulver in einer Tasse mit 2 Esslöffeln kochendem Wasser übergießen und unter Rühren auflösen.

2 In einer Rührschüssel die Butter mit dem braunen Zucker schaumig rühren, bis dieser sich aufgelöst hat. Nach und nach die Eier und den Espresso unterrühren.

3 Das Mehl in eine zweite Schüssel sieben, die Haselnüsse, das Back- und das Kardamompulver untermischen. Die Mehlmischung vorsichtig unter die Schaummasse rühren und die gehackte Schokolade unterheben.

4 Den Teig in einen Spritzbeutel mit Lochtülle füllen und in kleine Pralinenförmchen spritzen. Das Eiweiß steif schlagen, dabei langsam den weißen Zucker einrieseln lassen. Je einen kleinen Klecks Eischnee auf die Förmchen geben.

5 Die Pralinenförmchen auf das Backblech setzen und im Backofen auf der mittleren Schiene etwa 15 Minuten backen. Das Gebäck aus dem Ofen nehmen und auf einem Kuchengitter abkühlen lassen. Zum Servieren mit je einem Klecks Sahne und etwas Kakaopulver verzieren.

Tipp

Originell sieht es aus, wenn Sie an den Pralinenförmchen kleine Spiralfedern (z. B. aus ausgedienten Kugelschreibern) als Henkel befestigen und die Förmchen so in Tassen verwandeln.

Marzipantörtchen mit Likörsahne

Der etwas andere Nachtisch: Für Süßmäuler ist dieses gefüllte Törtchen aus Marzipanteig garantiert allererste Sahne

Zutaten

1 Vanilleschote
200 g Marzipanrohmasse
120 g Zucker · 1 Ei
120 ml Milch
70 g Mehl
30 g Kakaopulver
Fett und Mehl für das Backblech
300 g Sahne
4 EL Kahlúa (Kaffeelikör)
Schokoladenspäne zum Garnieren
Zimt- oder Kakaopulver zum Bestäuben

Zubereitung

FÜR 1 TÖRTCHEN

1 Die Vanilleschote der Länge nach aufschneiden und das Mark herauskratzen. In einer Rührschüssel das Marzipan mit dem Zucker, dem Vanillemark, dem Ei und der Milch verrühren.

2 Das Mehl und das Kakaopulver darüber sieben und unterheben, den Teig durch ein Sieb streichen und 1 Stunde im Kühlschrank kalt stellen.

3 Den Backofen auf 190 °C vorheizen. Ein Backblech einfetten und mit Mehl bestäuben. Eine Schablone aus Pappe oder Plastik (Innendurchmesser 8 cm, Rand 4 bis 5 cm) auf das Backblech legen, etwas Teig in die Mitte der Schablone geben und mit einer Palette gleichmäßig und dünn auf das Blech streichen.

4 Die Schablone abnehmen und mit dem restlichen Teig ebenso verfahren, bis das Blech voll ist. Die Teigkreise im Backofen auf der mittleren Schiene 6 bis 7 Minuten backen. Herausnehmen, die Teigkreise sofort vom Blech lösen und abkühlen lassen. Auf diese Weise den gesamten Teig verbrauchen.

5 Die Sahne mit dem Kaffeelikör steif schlagen. Einen Teigkreis mit etwas Sahne bestreichen und mit einem weiteren Kreis bedecken. So weiterverfahren, bis alle Teigkreise aufgebraucht sind, dabei mit Sahne abschließen. Das Marzipantörtchen mit Schokoladenspänen bestreuen und mit Zimt- oder Kakaopulver bestäuben.

Mokkatrüffel
mit Kaffeelikör

Zutaten

300 g dunkle Kuvertüre

150 g Sahne

1 EL Instant-Kaffepulver

5 cl Kahlúa (Kaffeelikör)

500 g dunkle Kuvertüre
für den Überzug

Zubereitung

FÜR 30–40 STÜCK

1 Die Kuvertüre hacken. Die Sahne mit dem Kaffeepulver aufkochen und die Kuvertüre unter Rühren darin auflösen. Den Kaffeelikör dazugeben und die Masse kalt stellen.

2 Die Mokkamasse mit einem Schneebesen kurz durchrühren. Die Masse in einen Spritzbeutel mit Lochtülle füllen und kleine Kugeln auf Backpapier spritzen. Etwas fest werden lassen und falls nötig nochmals mit kalten Händen rund drehen. Etwa 1 Stunde kalt stellen.

3 Für den Überzug die Kuvertüre im warmen Wasserbad schmelzen lassen. Die Kuvertüre darf nicht zu heiß werden. Die Trüffel mithilfe einer Pralinengabel kurz in die Kuvertüre tauchen und auf ein Gitter setzen.

4 Den Überzug etwas fest werden lassen und die Pralinen auf dem Gitter hin und her rollen, sodass Spitzen entstehen. Den Überzug ganz fest werden lassen. Die Trüffel sind im Gemüsefach des Kühlschranks (dort ist es kühl, aber nicht zu kalt) bis zu 10 Tage haltbar.

Sahnetrüffel
mit Zuckerperlen

Zutaten

200 g Zartbitterkuvertüre

250 g Sahne

2 EL Butter

1 TL Instant-Kaffeepulver

3 EL Puderzucker

Zuckerperlen zum Garnieren

Zubereitung

FÜR 25 STÜCK

1 Die Kuvertüre mit einem Messer hacken. Die Sahne und die Butter in einem Topf erhitzen. Den Topf vom Herd nehmen und die Kuvertüre unter Rühren in der Sahne auflösen.

2 Das Kaffeepulver und den Puderzucker unterrühren und alles mit dem Handrührgerät cremig aufschlagen.

3 Die Masse abkühlen lassen und in einen Spritzbeutel mit Sterntülle füllen. Die Trüffelmasse in Stanniol-Spitztüten spritzen.

4 Die Sahnetrüffel mit den Zuckerperlen garnieren und bis zum Servieren kühl stellen. Die Trüffel sind im Gemüsefach des Kühlschranks (dort ist es kühl, aber nicht zu kalt) bis zu 10 Tage haltbar.

Schichtgebäck
mit Kaffeecreme

Jeder Bissen ein Gaumenerlebnis: Knusprige Teigblätter wechseln sich ab mit einer zart schmelzenden Creme

Zutaten

Für den Teig:

4 Blätter Filoteig

40 g Butter · 20 g Zucker

4 TL weiße Sesamsamen

4 TL gehackte Pistazien

4 TL gehackte Mandeln

Für die Creme:

100 g weiche Butter

100 g Puderzucker

2 cl kalter, starker Kaffee

100 g Crème fraîche

Zubereitung

FÜR 4 PERSONEN

1. Den Backofen auf 200 °C vorheizen. Die Filoteigblätter in Rechtecke von gleicher Größe schneiden.
2. Die Butter schmelzen, die Filoteigblätter damit bestreichen und mit Zucker bestreuen. Backbleche mit Backpapier auslegen, die Rechtecke darauf setzen und mit Sesamsamen, Pistazien und Mandeln bestreuen.
3. Im Backofen etwa 8 Minuten backen, bis die Teigblätter knusprig und braun sind. Herausnehmen und abkühlen lassen.
4. Für die Creme die weiche Butter und den Puderzucker mit dem Handrührgerät schaumig rühren, den Kaffee dazugeben. Die Crème fraîche glatt rühren und unter die Kaffeecreme heben.
5. Die Creme in einen Spritzbeutel mit großer Sterntülle füllen und auf die Teigblätter verteilen. Jeweils 6 bis 8 Blätter übereinander setzen. Mit einem Filoteigblatt ohne Creme abdecken.

Tipp

Filoteig gibt es als hauchdünne, fertige Teigblätter in griechischen oder türkischen Lebensmittelläden zu kaufen. Man kann ihn nicht nur für blättriges Gebäck, sondern auch für Pasteten verwenden.

Kuchen & Gebäck

Espressotorte
mit Cognac und Schokolade

Da werden Espressosüchtige Augen machen: Der kleine Schwarze entfaltet auch in einer Torte seinen vollen Geschmack

Zutaten

Für die Espressosahne:

100 g Mokkaschokolade

250 g Sahne

1 EL Instant-Espressopulver

Für den Teig:

6 Eier

100 g Zartbitterschokolade

100 g gemahlene Haselnüsse

120 g Zucker

50 g Mehl · 30 g Speisestärke

1 EL Instant-Espressopulver

Außerdem:

100 ml kalter, starker Espresso

4 cl Cognac

200 g Sahne

Schokospäne zum Garnieren

Zubereitung

FÜR 1 SPRINGFORM (28 cm Ø)

1 Für die Espressosahne die Mokkaschokolade in Stücke brechen. Mit der Sahne bei schwacher Hitze schmelzen lassen. Das Espressopulver unterrühren und die Sahne über Nacht im Kühlschrank kalt stellen.

2 Den Backofen auf 180 °C vorheizen. Für den Teig die Eier trennen. Die Zartbitterschokolade reiben. Die Haselnüsse in einer Pfanne ohne Fett anrösten.

3 Eigelb und Zucker mit dem Handrührgerät schaumig schlagen. Geriebene Schokolade, Mehl, Speisestärke, Haselnüsse und Espressopulver hinzufügen und unterrühren. Das Eiweiß steif schlagen und gleichmäßig unterheben.

4 Die Springform mit Backpapier auslegen. Den Teig hineinfüllen, glatt streichen und im Backofen auf der mittleren Schiene 35 bis 40 Minuten backen.

5 Den Espresso mit dem Cognac mischen. Den abgekühlten Kuchenboden waagerecht durchschneiden und die beiden Hälften mit der Kaffeemischung tränken. Die Espressosahne schaumig schlagen.

6 Die Espressosahne auf einem Tortenboden verteilen und glatt streichen. Den zweiten Tortenboden darauf setzen. Die Sahne steif schlagen und die Torte rundum dick damit bestreichen. Mit einem Löffel kleine Dellen eindrücken, die Torte mit Schokospänen garnieren.

Brownies
mit Walnüssen

Nicht nur für Amerika-Fans der absolute Hit: Bei diesem Gebäck greifen Schokoladenliebhaber auch gern zweimal zu

Zutaten

100 g Zartbitterschokolade
125 g weiche Butter
125 g Zucker
2 Eier
100 g Mehl
1/2 TL Backpulver · Salz
1 TL Bourbon-Vanillezucker
150 g Walnusskerne
Fett für die Form
Kakaopulver zum Bestäuben

Zubereitung

FÜR 20 STÜCK

1 Die Schokolade grob hacken und im heißen Wasserbad unter Rühren schmelzen lassen.

2 Die Butter und den Zucker in einer Schüssel mit dem Handrührgerät schaumig rühren. Nach und nach die Eier und die flüssige Schokolade dazugeben und unterrühren.

3 Den Backofen auf 200 °C vorheizen. Das Mehl mit Backpulver, 1 Prise Salz und Vanillezucker mischen. Die Walnüsse hacken und mit der Mehlmischung unter den Teig rühren.

4 Eine Backform von 20 cm Kantenlänge einfetten. Den Teig in die Form füllen und im Backofen etwa 30 Minuten backen. Mit einem Holzstäbchen prüfen, ob der Kuchen fertig ist.

5 Den Kuchen auf ein Gitter stürzen und vollständig abkühlen lassen. Mit Kakaopulver bestäuben und zum Servieren in etwa 5 cm große Stücke schneiden.

Tipp

Der Nussgeschmack wird noch intensiver, wenn Sie die Walnüsse vorher in einer Pfanne ohne Fett kurz anrösten. Versuchen Sie die Brownies auch einmal mit Haselnüssen oder Mandelkernen.

Schokotorte
mit Amaretti

Zutaten

Für den Teig:

100 g Löffelbiskuits

100 g Amaretti
(ital. Mandelkekse)

75 g flüssige Butter

Für die Füllung:

450 g Zartbitterschokolade

600 g Sahne · 5 cl Amaretto

Außerdem:

Fett für die Form

Kakaopulver zum Bestäuben

100 g Sahne

1 Päckchen Vanillezucker

6 Amaretti (ital. Mandelkekse)

Zubereitung

FÜR 1 SPRINGFORM (24 cm Ø)

1 Für den Teig Löffelbiskuits und Amaretti in einen Gefrierbeutel füllen und mit einem Nudelholz zerkrümeln. Mit der flüssigen Butter gründlich vermengen. Den Boden der Springform einfetten, den Teig darauf verteilen und festdrücken.

2 Für die Füllung die Schokolade hacken und im heißen Wasserbad schmelzen lassen. Die Sahne steif schlagen, den Amaretto unterrühren und die Schokolade unterheben.

3 Die Schoko-Sahne-Masse auf dem Keksboden verteilen und glatt streichen. Mindestens 4 Stunden, am besten über Nacht, im Kühlschrank kalt stellen.

4 Die Torte zum Servieren dick mit Kakaopulver bestäuben. Die Sahne mit dem Vanillezucker steif schlagen und 12 gleichmäßig verteilte Sahnekleckse auf den Kuchen setzen, jeweils einen halbierten Mandelkeks darauf stecken.

Schokokuchen
mit Orangenzesten

Zutaten

45 g Joghurt
1/2 EL Instant-Kaffeepulver
Salz · 1 Päckchen Vanillezucker
1 unbehandelte Orange
45 g weiche Butter
150 g Zucker
1 Ei · 1 Eiweiß
125 g Mehl · 45 g Kakaopulver
1 Päckchen Backpulver
Fett für die Form
60 g Puderzucker
2 cl Kahlúa (Kaffeelikör)

Zubereitung

FÜR 1 KRANZFORM (16 cm Ø)

1 Den Joghurt, das Kaffeepulver, 1 Esslöffel lauwarmes Wasser, 1 Prise Salz und den Vanillezucker in einer Schüssel verrühren. Den Backofen auf 180 °C vorheizen.

2 Die Orange heiß waschen, trockenreiben und 1/2 Esslöffel Schale abreiben. Die restliche Schale dünn schälen und in feine Streifen schneiden. Die Butter mit Zucker und abgeriebener Orangenschale schaumig schlagen, das Ei und das Eiweiß unterrühren. Das Mehl mit dem Kakao- und dem Backpulver vermischen, über die Eimasse geben und ebenfalls unterrühren, dann die Joghurtmasse unterheben.

3 Die Kranzform einfetten, den Teig hineinfüllen und glatt streichen. Im Backofen auf der mittleren Schiene etwa 40 Minuten backen. Den Kuchen herausnehmen, etwas abkühlen lassen, auf ein Kuchengitter stürzen und auskühlen lassen. Den Puderzucker mit dem Kaffeelikör verrühren und den Kuchen damit überziehen. Die Orangenstreifen auf dem Kuchen verteilen.

Cheesecake
mit Frischkäse

Heiß geliebt und kalt gegessen: In New York darf der berühmte Käsekuchen auf keiner Kaffeetafel fehlen

Zutaten

Für den Teig:

250 g Mehl

60 g Zucker

1 Päckchen Vanillezucker

130 g kalte Butter · 1 Eigelb

Für die Füllung:

500 g Doppelrahm-Frischkäse

125 g Zucker

1 Päckchen Vanillezucker

1 EL abgeriebene unbehandelte Zitronenschale

4 Eier · 300 g saure Sahne

3 EL Mehl · 4 EL Sahne

Fett für die Form

Zubereitung

FÜR 1 SPRINGFORM (26 cm Ø)

1 Für den Teig das Mehl in eine Schüssel sieben, mit Zucker und Vanillezucker mischen. Die Butter in kleine Stücke schneiden und mit dem Eigelb dazugeben. Alles mit den Knethaken des Handrührgeräts zu einer krümeligen Masse verrühren. Mit den Händen zu einem glatten Teig kneten. Zu einer Kugel formen und abgedeckt etwa 30 Minuten im Kühlschrank kalt stellen.

2 Den Backofen auf 200 °C vorheizen. Für die Füllung den Frischkäse mit Zucker, Vanillezucker und Zitronenschale verrühren. Die Eier trennen. Eigelb und saure Sahne nacheinander unter die Frischkäsecreme rühren. Mehl und Sahne unterrühren. Das Eiweiß zu steifem Schnee schlagen und vorsichtig unter die Creme heben.

3 Die Springform einfetten und den Teig hineingeben. Mit den Händen in der Form verteilen, dabei einen etwa 3 cm hohen Rand formen. Den Teig im Backofen auf der mittleren Schiene 10 Minuten backen.

4 Die Backofentemperatur auf 225 °C erhöhen. Die Füllung auf dem Teig verteilen, glatt streichen und 15 Minuten backen. Die Backofentemperatur auf 120 °C herunterschalten und den Käsekuchen etwa 50 Minuten weiterbacken. Falls nötig, mit Backpapier abdecken. Den Kuchen abkühlen lassen und vor dem Servieren mindestens 1 Stunde kalt stellen.

Gewürzkuchen
mit Nougat und Nüssen

Der ideale Begleiter zum Cappuccino: Mit feinem Nougat und knackigen Nüssen lässt dieser saftige Kuchen keine Wünsche offen

Zutaten

4 Eier
125 g weiche Butter
200 g brauner Zucker
200 g gemahlene Haselnüsse
50 g gehackte Haselnüsse
je 1/2 TL Zimt-, Nelken- und Pimentpulver sowie gemahlener Anis
4 EL Sahne
125 g Mehl · 2 TL Backpulver
150 g Nougat
Salz · Fett für die Form

Zubereitung

FÜR 1 KLEINE KASTENFORM

1 Die Eier trennen. Die Butter in einer Schüssel mit dem Zucker cremig rühren. Das Eigelb dazugeben und alles kräftig schaumig schlagen. Gemahlene und gehackte Haselnüsse, Gewürze und die Sahne dazugeben und unterrühren.

2 Das Mehl mit dem Backpulver vermischen und nach und nach unter die Eiercreme rühren. Den Nougat in kleine Würfel schneiden und unterrühren.

3 Den Backofen auf 180 °C vorheizen. Das Eiweiß mit 1 Prise Salz steif schlagen und unter den Teig heben. Die Kastenform einfetten und den Teig hineinfüllen. Im Backofen auf der mittleren Schiene etwa 1 Stunde backen.

4 Den Kuchen kurz in der Form ruhen lassen, auf ein Kuchengitter stürzen und abkühlen lassen. Nach Belieben noch mit Schokoladenglasur überziehen.

Tipp

So testen Sie, ob der Kuchen fertig ist: Wenn Sie mit einem Holzstäbchen hineinstechen und Teigreste daran kleben bleiben, müssen Sie den Kuchen noch einige Minuten weiterbacken.

Kirschmuffins
mit Haferflocken

Zwei, die sich gut ergänzen: Verführerische Früchtchen treffen auf gesundes Korn – und das Ergebnis ist mehr als köstlich

Zutaten

200 g Mehl
60 g feine Haferflocken
2 TL Backpulver
1/2 TL Natron
1 TL Zimtpulver
220 g Sauerkirschen (aus dem Glas)
2 Eier · 150 g Zucker
150 g flüssige Butter
1 Päckchen Vanillezucker
200 g Joghurt
Fett für das Muffinblech
Puderzucker zum Bestäuben

Zubereitung

FÜR CA. 12 STÜCK

1 Den Backofen auf 180 °C vorheizen. Das Mehl in eine Schüssel sieben und mit Haferflocken, Backpulver, Natron und Zimt mischen. Die Kirschen in einem Sieb abtropfen lassen.

2 Die Eier mit einem Schneebesen leicht verquirlen. Zucker, Butter und Vanillezucker dazugeben und alles gut verrühren. Joghurt unterrühren. Die Mehlmischung dazugeben und nur so lange unterrühren, bis alle Zutaten feucht sind.

3 Etwa ein Drittel des Teiges in die gefetteten Vertiefungen eines Muffinblechs oder in Papier-Backförmchen füllen. Am besten 2 bis 3 Papierförmchen ineinander setzen. Die Hälfte der Kirschen auf dem Teig verteilen. Mit dem restlichen Teig auffüllen. In jeden Muffin noch zusätzlich 3 Kirschen stecken.

4 Die Muffins im Backofen auf der mittleren Schiene 20 bis 25 Minuten goldbraun backen. Etwa 5 Minuten ruhen lassen, gegebenenfalls aus dem Muffinblech lösen, mit Puderzucker bestreuen und noch warm servieren.

Tipp

Für dieses Rezept können Sie auch Heidelbeeren verwenden. Dann erhalten Sie die klassischen Blueberry Muffins. Die Früchte – es können auch frische sein – einfach in den Teig mit einarbeiten.

Chocolate-Chip-Muffins
mit Vanillearoma

Immer eine Sünde wert: Diese üppigen Muffins sind für alle Chocoholics wie das Paradies auf Erden

Zutaten

150 g Schokolade
1/8 l Milch
3 Päckchen Vanillezucker
250 g Mehl
2 TL Backpulver
1/2 TL Natron
120 g Zucker
1 Ei · 50 g weiche Butter
80 g Schokoladentropfen
Fett für das Muffinblech

Zubereitung

FÜR 4 PERSONEN

1 Den Backofen auf 175 °C vorheizen. Die Schokolade fein reiben. Von der Milch 5 Esslöffel abnehmen und mit dem Vanillezucker in einem Topf aufkochen lassen. Das Mehl mit dem Backpulver und dem Natron vermischen.

2 Die restliche Milch mit der Vanillemilch, dem Zucker, dem Ei, der Butter, der Schokolade und den Schokotropfen in einer Schüssel verrühren. Die Mehlmischung dazugeben.

3 Den Teig in die gefetteten Vertiefungen eines Muffinblechs oder in Papier-Backförmchen füllen. Am besten 2 bis 3 Papierförmchen ineinander setzen. Die Muffins im Backofen auf der mittleren Schiene etwa 25 Minuten backen. Etwa 5 Minuten ruhen lassen, gegebenenfalls aus dem Muffinblech lösen und abkühlen lassen.

Tipp

Für alle, die es gern nussig mögen: Mischen Sie doch zur Abwechslung 80 g gemahlene Haselnüsse oder Mandeln unter den Teig. Dann sollten Sie allerdings nur 170 g Mehl verwenden.

Schwarz-weiße Biskuitroulade

mit Himbeercreme

Zutaten

Für den hellen Biskuit:

3 Eier · 75 g Zucker

90 g Mehl

Für den dunklen Biskuit:

3 Eier · 75 g Zucker

90 g Mehl · 2–3 EL Kakaopulver

Für die Füllung:

8 Blatt Gelatine · 400 g Sahne

450 g Himbeeren

100 g Zucker

200 g Magerquark

2 cl Himbeergeist

Außerdem:

Zucker zum Bestreuen

Zubereitung

FÜR CA. 12 STÜCK

1 Für den hellen Biskuitteig die Eier mit dem Zucker dickschaumig schlagen. Das Mehl darüber sieben und unterheben. Für den dunklen Teig die Eier mit dem Zucker dickschaumig schlagen. Das Mehl mit dem Kakaopulver vermischen, darüber sieben und unterheben.

2 Den Backofen auf 180 °C vorheizen. Ein Backblech mit Backpapier auslegen. Die Teige jeweils in einen Spritzbeutel mit großer Lochtülle füllen, dicht an dicht abwechselnd helle und dunkle Längsstreifen auf das Blech spritzen.

3 Den Biskuit im Backofen auf der mittleren Schiene 10 bis 12 Minuten backen. Die Biskuitplatte auf ein mit Zucker bestreutes Küchentuch stürzen und das Backpapier abziehen.

4 Gelatine in kaltem Wasser einweichen. Sahne steif schlagen. Himbeeren verlesen, 250 g davon durch ein Sieb passieren und mit dem Zucker erwärmen. Ausgedrückte Gelatine darin auflösen, etwas abkühlen lassen. Quark, Himbeergeist und Sahne unterziehen. Die Creme auf den Biskuit streichen, restliche Beeren darüber streuen und etwas andrücken. Den Biskuit längs aufrollen und 3 Stunden kalt stellen.

Küchlein
mit Himbeeren

Zutaten

300 g Himbeeren
1/8 l Milch
2 Päckchen Vanillezucker
250 g Mehl
2 TL Backpulver
120 g Zucker · 1 Ei
50 g weiche Butter
Fett für die Form

Zubereitung

FÜR CA. 12 STÜCK

1 Die Himbeeren verlesen. Von der Milch 5 Esslöffel abnehmen und mit dem Vanillezucker aufkochen. Die Beeren – bis auf einige zum Garnieren – hinzufügen und bei schwacher Hitze etwa 5 Minuten erwärmen. Vom Herd nehmen und etwas abkühlen lassen.

2 Den Backofen auf 175 °C vorheizen. Das Mehl mit dem Backpulver in einer Rührschüssel vermischen. Den Zucker, das Ei, die weiche Butter und die restliche Milch unterrühren. Die Himbeeren mit der Milch gut untermischen.

3 Die Vertiefungen einer Mini-Königskuchenform oder eines Muffinblechs einfetten und den Teig hineinfüllen. Im Backofen auf der mittleren Schiene etwa 25 Minuten backen.

4 Aus dem Backofen nehmen und etwa 5 Minuten in der Form ruhen lassen. Die Küchlein aus der Form lösen und auf einem Kuchengitter abkühlen lassen. Die Küchlein mit den beiseite gelegten Himbeeren garnieren.

Müslikekse
mit Haferflocken

Die kernige Variante zu Amaretti, Schokokeksen & Co.:
Wer kann bei so einer gesunden Nascherei schon Nein sagen?

Zutaten

115 g weiche Butter
120 g Rohrzucker
1/2 Päckchen Vanillezucker
2 Eier
250 g kernige Haferflocken
1/2 TL Backpulver
2 EL Mehl · 4 EL Milch

Zubereitung

FÜR CA. 50 STÜCK

1 Die Butter, den Zucker und den Vanillezucker in einer Rührschüssel cremig rühren. Die Eier dazugeben und so lange rühren, bis die Masse hellschaumig ist.

2 Die Haferflocken, das Backpulver, das Mehl und die Milch unter den Teig mischen. Den Teig etwa 30 Minuten ruhen lassen. Den Backofen auf 180 °C vorheizen. Ein Backblech mit Backpapier auslegen.

3 Aus dem Teig mit angefeuchteten Händen kleine Kugeln formen und diese mit Abstand zueinander auf das Backblech setzen. Die Müslikekse im Backofen auf der mittleren Schiene 15 bis 20 Minuten goldbraun backen. Die Kekse gegebenenfalls nach dem Backen noch etwas in Form drücken.

Tipp

Für eine besonders kernige Variante kann man einige gehackte Hasel- oder Walnusskerne unter den Teig mischen. Lecker schmecken die Kekse auch, wenn man sie mit Schokolade überzieht.

Blueberry-Pancakes
mit Ahornbutter

Egal ob zum Montagsfrühstück oder Sonntagsbrunch: Diese Mini-Pfannkuchen bringen gute Laune auf den Tisch

Zutaten

150 g weiche Süßrahmbutter
4 EL Ahornsirup
250 g Ricotta · 3 Eier
50 g Puderzucker
1 Päckchen Vanillezucker
1/4 TL Zimtpulver
120 g Mehl
1/2 TL Backpulver · Salz
150 g Blaubeeren
Butter zum Backen

Zubereitung

FÜR 16–18 STÜCK

1 Die Butter mit dem Ahornsirup cremig rühren und kalt stellen. Den Ricotta, die Eier, den Puderzucker, den Vanillezucker und den Zimt in einer Rührschüssel glatt rühren.

2 Das Mehl mit dem Backpulver und 1 Prise Salz vermischen, zur Ricottamasse geben und alles zu einem glatten Teig rühren. Die Blaubeeren waschen, trockentupfen, halbieren und unter den Pfannkuchenteig rühren.

3 Den Backofen auf 70 °C vorheizen. Etwas Butter in einer beschichteten Pfanne schmelzen, 1 gehäuften Esslöffel Teig hineingeben, glatt streichen und auf beiden Seiten bei schwacher Hitze goldbraun backen. Fertige Pfannkuchen im Backofen warm halten, bis der Teig vollständig aufgebraucht ist. Zum Servieren die Pancakes mit der Ahornbutter auf Tellern anrichten. Nach Belieben mit Puderzucker bestäuben.

Tipp

Die Pfannkuchen kann man auch mit vielen anderen Früchten zubereiten. Probieren Sie sie doch auch einmal mit Johannisbeeren, entsteinten Kirschen oder in Würfel geschnittenen Aprikosen.

Doughnuts
in Zuckerhülle

Coffeeshop-Feeling für zu Hause: Nach diesen zuckrigen Schmalzkringeln werden sich alle die Finger lecken

Zutaten

25 g weiche Butter
125 g Zucker · 1 Ei
330 g Mehl
1 Päckchen Backpulver
Salz · Zimtpulver
frisch geriebene Muskatnuss
1/8 l Milch
Mehl für die Arbeitsfläche
ca. 1 l Öl zum Frittieren
Zucker zum Wenden

Zubereitung

FÜR 8 STÜCK

1 Die Butter mit dem Zucker und dem Ei in einer Schüssel schaumig rühren. Das Mehl mit Backpulver und je 1 Prise Salz, Zimt und Muskatnuss mischen. Die Buttercreme abwechselnd mit der Milch unter die Mehlmischung rühren.

2 Den Teig auf einer bemehlten Arbeitsfläche etwa 1 cm dick ausrollen. Mit einem Doughnut-Ausstecher Teigkreise ausstechen. Oder mit einem Glas oder Metallausstecher Kreise von 7 bis 8 cm Durchmesser ausstechen und jeweils einen kleinen Kreis von 3 cm Durchmesser aus der Mitte stechen, sodass Ringe entstehen. Den restlichen Teig wieder verkneten, ausrollen und den Vorgang wiederholen, bis der Teig aufgebraucht ist. Die Teigkringel etwa 10 Minuten ruhen lassen.

3 Das Frittieröl in einem großen Topf erhitzen. Das Fett ist heiß, wenn an einem hineingehaltenen Holzstäbchen Blasen aufsteigen. Die Doughnuts portionsweise im heißen Fett etwa 4 Minuten rundum goldbraun ausbacken. Mit einem Schaumlöffel herausheben und auf Küchenpapier abtropfen lassen. Die Doughnuts in Zucker wenden und sofort servieren.

Tipp

Doughnut-Ausstecher finden Sie in gut sortierten Haushaltswarengeschäften. Abgekühlte Doughnuts können luftdicht in einem Gefrierbeutel verpackt eingefroren werden.

Biscotti
mit Haselnüssen

Zutaten

200 g Haselnüsse

400 g Mehl

Salz

50 g Kakaopulver

½ Päckchen Backpulver

1 TL Bourbon-Vanillezucker

250 g Zucker

4 Eier

2 TL abgeriebene unbehandelte Zitronenschale

Zubereitung

FÜR CA. 60 STÜCK

1 Die Nüsse in einer beschichteten Pfanne ohne Fett unter Rühren anrösten, dann grob hacken und beiseite stellen.

2 Das Mehl auf eine Arbeitsfläche häufen, 1 Prise Salz, Kakao- und Backpulver, Vanillezucker und Zucker gut untermischen. Eine Mulde in die Mitte drücken, die Eier aufschlagen und hineingeben. Alle Zutaten zu einem glatten Teig verkneten, bei Bedarf etwas Mehl dazugeben. Zum Schluss die Nüsse und die Zitronenschale unterkneten. Den Backofen auf 180 °C vorheizen.

3 Aus dem Teig 3 Teigrollen von etwa 3 cm Durchmesser formen. Diese auf ein mit Backpapier ausgelegtes Backblech legen und im Backofen auf der mittleren Schiene etwa 20 Minuten backen.

4 Das Backblech aus dem Backofen nehmen, den Ofen jedoch nicht abschalten. Die Nussstangen sofort mit einem scharfen Messer in etwa 1 cm breite, schräge Stücke schneiden. Die Stücke wieder auf das Blech legen und auf beiden Seiten jeweils 4 bis 5 Minuten weiterbacken, dann vollständig abkühlen lassen. Die Biscotti in einer Gebäckdose aufbewahren.

Amaretti
mit Mandeln

Zutaten

2 Eiweiß
Salz
150 g Zucker
1/2 TL Bittermandelaroma
abgeriebene Schale von
1/2 unbehandelten Zitrone
200 g gemahlene,
geschälte Mandeln
Fett für das Backblech

Zubereitung

FÜR CA. 100 STÜCK

1 Das Eiweiß mit 1 Prise Salz in eine Schüssel geben und mit dem Handrührgerät zu steifem Schnee schlagen. Nach und nach den Zucker dazugeben und so lange weiterschlagen, bis sich der Zucker aufgelöst hat.

2 Das Bittermandelaroma und die abgeriebene Zitronenschale unterrühren, die Mandeln dazugeben und unterziehen, sodass eine glatte Masse entsteht.

3 Den Backofen auf 150 °C vorheizen. Ein Backblech einfetten. Mit einem Teelöffel haselnussgroße Portionen von der Teigmasse abstechen und mit 2 cm Abstand als Kugeln auf das Backblech setzen.

4 Die Mandelmakronen im Backofen auf der mittleren Schiene 25 bis 30 Minuten hellbraun backen. Die Amaretti vom Blech lösen und abkühlen lassen. Am besten in einer Gebäckdose aufbewahren.

Eclairs
mit Trüffelcreme

Der Schlüssel zum Glück: Von diesen süßen »Liebesknochen« lässt sich jeder gern in Versuchung führen

Zutaten

Für die Trüffelcreme:

60 g Schokolade

150 g Sahne

1 EL Instant-Kaffeepulver

Für die Eclairs:

75 g Butter

1/4 l Milch · Salz

150 g Mehl

4 Eier

Außerdem:

1 Eigelb zum Bestreichen

dunkle Schokolade zum Verzieren

Zubereitung

FÜR 20–25 STÜCK

1 Für die Trüffelcreme die Schokolade raspeln. Mit der Sahne in einem Topf unter ständigem Rühren erhitzen. Wenn die Sahne Bläschen bildet, das Kaffeepulver unterrühren und den Topf vom Herd nehmen. Die Mischung in eine Metallschüssel geben und am besten auf Eiswasser stellen. So lange rühren, bis die Sahne abgekühlt ist. Im Kühlschrank ganz kalt werden lassen.

2 Die Creme mit dem Handrührgerät wie Schlagsahne schlagen, bis sie fest ist. Bis zur Verwendung wieder im Kühlschrank kalt stellen.

3 Für die Eclairs den Backofen auf 220 °C vorheizen. Ein Backblech mit Backpapier auslegen. In einem Topf die Butter mit Milch und 1 Prise Salz aufkochen. Unter Rühren das Mehl auf einmal in die kochende Flüssigkeit geben. Den Topf vom Herd nehmen und weiterrühren, bis der Teig sich als Kloß vom Topfboden löst. Sofort ein Ei unterrühren.

4 Den Teig in eine Rührschüssel füllen und nach und nach die restlichen Eier einzeln unterrühren. So lange rühren, bis der Teig glänzt.

5 Den Teig in einen Spritzbeutel mit Lochtülle füllen. Etwa 5 cm lange Teigstäbchen auf das Backblech spritzen. Mit Eigelb bestreichen und im Backofen etwa 15 Minuten goldbraun backen.

6 Die Eclairs noch heiß mit einer Schere aufschneiden, die Trüffelcreme auf die untere Hälfte spritzen und den Deckel darauf setzen. Die Schokolade schmelzen lassen, in einen Gefrierbeutel füllen, am unteren Ende des Beutels eine kleine Ecke abschneiden und die Eclairs damit verzieren.

Mini-Panettone

mit Mandeln und Rosinen

Hochgenuss im Kleinformat: In Italien gehört der Panettone zu Weihnachten wie bei uns die Kugeln zum Christbaum

Zutaten

250 g Mehl
½ Würfel Hefe (21 g)
50 g Zucker
50 ml warme Milch
abgeriebene Schale von
je 1 unbehandelten Orange
und Zitrone
100 g weiche Butter
1 Ei · 2 Eigelb
80 g kandierte Früchte (z. B.
Kirschen, Orangeat, Zitronat)
5 cl Rum
80 g Rosinen
80 g Mandelstifte
6 EL Puderzucker

Zubereitung

FÜR CA. 18 STÜCK

1. Das Mehl in eine Schüssel sieben und in die Mitte eine Mulde drücken. Die Hefe zerbröckeln, mit 1 Esslöffel Zucker und der Milch verrühren und in die Mulde geben. Mit Frischhaltefolie abgedeckt an einem warmen Ort 15 Minuten gehen lassen.
2. Die Mehlmischung mit Orangen- und Zitronenschale, restlichem Zucker, Butter, Ei und Eigelb zu einem elastischen Teig verkneten. Abgedeckt etwa 1 Stunde gehen lassen.
3. Die kandierten Früchte fein hacken. Den Rum erhitzen, die Rosinen und die kandierten Früchte dazugeben. Vom Herd nehmen und ziehen lassen, bis der Teig gegangen ist.
4. Die Mandelstifte in einer Pfanne ohne Fett goldbraun rösten. 4 Esslöffel Puderzucker darüber stäuben und karamellisieren lassen. Etwa 18 Back- oder Souffléförmchen (à 200 ml Inhalt) mit Pergamentpapier auslegen und den Papierrand etwas hochziehen.
5. Den Backofen auf 175 °C vorheizen. Die kandierten Früchte, die Rosinen und die Mandeln unter den Teig kneten. Den Teig zu Kugeln formen, in die Förmchen setzen und 10 Minuten gehen lassen. Die Mini-Panettone im Backofen auf der mittleren Schiene 45 Minuten goldbraun backen. Die Panettone mit Papier aus den Förmchen heben und mit dem restlichen Puderzucker bestäuben.

Tipp

Wer nicht so viele Förmchen hat, kann die Mini-Panettone auch nacheinander backen. Oder Sie umwickeln die Teigkugeln mit Pergamentpapier und backen die Mini-Panettone auf einem Blech.

Zimtkekse

mit Kakaopulver

Zutaten

250 g Mehl

150 g Butter

150 g Puderzucker

1 TL Zimtpulver

1 Ei

2 TL Kakaopulver

50 g gemahlene Mandeln

Puderzucker zum Bestäuben

Zubereitung

FÜR CA. 30 STÜCK

1 Das Mehl auf eine Arbeitsfläche häufen und eine Mulde in die Mitte drücken. Die Butter, den Puderzucker und den Zimt auf dem Mehl verteilen, das Ei aufschlagen und in die Mulde geben. Alle Zutaten zu einem Teig verkneten.

2 Kakao und Mandeln unterkneten. Den Teig zu einer Kugel formen, in Frischhaltefolie wickeln und 1 Stunde im Kühlschrank ruhen lassen.

3 Den Backofen auf 180 °C vorheizen. Ein Backblech mit Backpapier auslegen. Den Teig zwischen 2 Lagen Backpapier 4 bis 5 mm dick ausrollen und Kreise mit einem Durchmesser von etwa 4 cm ausstechen.

4 Die Teigkreise auf das Backblech legen und im Backofen auf der mittleren Schiene etwa 10 Minuten backen. Aus dem Backofen nehmen und abkühlen lassen. Die Zimtkekse zum Servieren mit Puderzucker bestäuben.

Mandelmakronen
mit Schoko-Kaffee-Creme

Zutaten

250 g ungeschälte Mandeln
135 g dunkle Kuvertüre
4 Eiweiß
280 g Puderzucker
20 g Speisestärke
2 EL Kaffeepulver
60 g weiche Butter
1 Eigelb
2 EL heißer, starker Kaffee

Zubereitung

FÜR 30 STÜCK

1 Die Mandeln fein mahlen, 75 g Kuvertüre reiben. Das Eiweiß zu steifem Schnee schlagen, 200 g Puderzucker mit der Speisestärke nach und nach einrieseln lassen und weiterschlagen, bis die Masse steif ist und glänzt. Die Mandeln, das Kaffeepulver und die Kuvertüre unter den Eischnee heben.

2 Den Backofen auf 160 °C vorheizen. Ein Backblech mit Backpapier auslegen. Die Teigmasse in einen Spritzbeutel füllen und 60 kleine Häufchen (à 2 cm Durchmesser) auf das Blech spritzen. Die Makronen im Backofen auf der mittleren Schiene etwa 15 Minuten backen. Herausnehmen und abkühlen lassen.

3 Die restliche Kuvertüre hacken und im Wasserbad schmelzen lassen. Die Butter cremig rühren, Eigelb, restlichen Puderzucker und Kaffee dazugeben und gut unterrühren. Die Kuvertüre untermischen. Jeweils 2 Makronen auf der Unterseite mit Schoko-Kaffee-Creme bestreichen und zusammensetzen. Die restliche Creme in einen Gefrierbeutel füllen und am unteren Ende des Beutels eine Ecke abschneiden. Die Makronen verzieren und trocknen lassen.

Snacks & Pikantes

Ciabatta
mit Zwiebelomelett

Herzhaftes mit italienischem Charme: Dieses deftige Frühstück ist der perfekte Start in den Tag – und auch ideal zum Mitnehmen ins Büro

Zutaten

5 Schalotten
8 EL Olivenöl
8 Eier
Salz · Pfeffer aus der Mühle
2 Tomaten
2 kleine Ciabatta-Brote

Zubereitung

FÜR 4 PERSONEN

1 Die Schalotten schälen, halbieren und in sehr feine Scheiben schneiden. Das Öl in einer Pfanne erhitzen und die Schalottenscheiben darin bei schwacher Hitze etwa 15 Minuten dünsten. Sie sollen dabei goldgelb und weich bleiben.

2 In einer Schüssel die Eier mit Salz und Pfeffer verrühren. Die Eier zu den Schalotten in die Pfanne gießen und 7 bis 10 Minuten stocken lassen. Auf einen flachen Teller gleiten lassen und mit der ungebackenen Seite nach unten wieder in die Pfanne geben. Das Omelett etwa 3 Minuten fertig backen, bis es goldbraun ist.

3 Die Tomaten waschen und in Scheiben schneiden, dabei die Stielansätze entfernen. Die Ciabatta-Brote aufschneiden und die Tomatenscheiben darauf verteilen. Mit Salz und Pfeffer würzen. Das Omelett halbieren und auf die Tomaten geben. Die oberen Brothälften darauf legen, leicht andrücken und die Ciabatta-Brote in 3 bis 4 cm breite Streifen schneiden. Abgekühlt servieren.

Tipp

Noch pikanter schmeckt das Omelett, wenn Sie 100 g sehr fein gewürfelten Schinken, durchwachsenen Speck oder auch Bratenreste mit den Schalotten andünsten.

Panini peperonata mit Mozzarella

Buon appetito: Mit ihrer herzhaften Gemüse-Käse-Füllung verlocken die italienischen Brötchen so richtig zum Reinbeißen

Zutaten

je 1/2 rote und gelbe Paprikaschote
50 g Champignons
1/2 Knoblauchzehe
2 EL Olivenöl
Salz · Pfeffer aus der Mühle
125 g Mozzarella
2 Panini oder Ciabatta-Brötchen
1–2 EL Balsamico-Essig
40 g Pecorino
1 TL Schnittlauchröllchen

Zubereitung

FÜR 2 PERSONEN

1 Die Paprika entkernen, waschen und in fingerbreite Streifen schneiden. Die Champignons putzen, nicht waschen, und in dicke Scheiben schneiden. Den Knoblauch sehr fein hacken.

2 In einer Pfanne 1 Esslöffel Olivenöl erhitzen, die Paprikastreifen darin bei schwacher Hitze etwa 3 Minuten andünsten. Die Pilze und den Knoblauch dazugeben und kurz mitdünsten. Mit Salz und Pfeffer würzig abschmecken.

3 Den Mozzarella abtropfen lassen und in Scheiben schneiden. Panini oder Ciabatta-Brötchen aufschneiden. Die untere Hälfte mit dem Mozzarella belegen. Das Gemüse darauf verteilen und mit Salz und Pfeffer würzen. Mit Essig sowie dem restlichen Öl beträufeln.

4 Zum Schluss den Pecorino mit einem Sparschäler über das Gemüse hobeln, die Schnittlauchröllchen darauf streuen und die Brötchen zusammenklappen.

Tipp

Für die schnelle Variante eignet sich mariniertes Gemüse aus dem Glas. In Olivenöl eingelegte Pilze, Paprika, getrocknete Tomaten, Zucchini oder Auberginen passen sehr gut zu Panini und Mozzarella.

Ziegenkäse
in Blätterteig

Zutaten

2 rechteckige Platten Tiefkühl-Blätterteig
12 kleine rote Zwiebeln
2 EL Olivenöl
1 TL Zucker
1 EL Balsamico-Essig
Salz · Pfeffer aus der Mühle
2 kleine, runde Ziegenkäse
Rucola und Walnusskerne zum Garnieren

Zubereitung

FÜR 4 PERSONEN

1 Die Blätterteigplatten auf einer Arbeitsfläche nebeneinander auslegen und etwa 10 Minuten auftauen lassen. Die Zwiebeln schälen, halbieren und in feine Spalten schneiden.

2 Das Olivenöl erhitzen und die Zwiebeln 10 Minuten darin dünsten. Den Zucker dazugeben und karamellisieren lassen. Mit dem Essig ablöschen und mit Salz und Pfeffer würzen. 5 Minuten weiterdünsten.

3 Die Teigplatten quer halbieren. Mit einem Messer rundum 1 cm vom Rand tief einritzen, aber nicht durchschneiden, den Rand hochklappen und an den Ecken leicht andrücken. Den Backofen auf 200 °C vorheizen.

4 Die Zwiebeln in den Blätterteigquadraten verteilen. Den Ziegenkäse waagerecht halbieren und je 1 Hälfte auf die Zwiebeln legen. Die Blätterteigecken im Backofen auf der mittleren Schiene etwa 20 Minuten goldbraun backen. Mit Rucola und Walnüssen garnieren.

Schinkenmousse

auf Toastdreiecken

Zutaten

200 g gekochter Schinken
1 Schalotte
2 EL Weißwein
½ Knoblauchzehe
½ TL Thymianblättchen
4 EL Crème fraîche
2 EL Sahne
Salz · Pfeffer aus der Mühle
6 Scheiben Toastbrot
Kräuter zum Garnieren
(z. B. Basilikum, Schnittlauch, Borretschblüten)

Zubereitung

FÜR 4 PERSONEN

1 Den Schinken klein schneiden. Die Schalotte schälen und in kleine Würfel schneiden. Den Weißwein erhitzen und die Schalottenwürfel darin weich dünsten. Den Knoblauch schälen und fein hacken.

2 Schinken, Schalottenwürfel, Knoblauch, Thymianblättchen und Crème fraîche mit dem Pürierstab oder im Mixer pürieren.

3 Die Sahne nach und nach dazugeben und alles zu einer geschmeidigen Masse mixen. Mit Salz und Pfeffer würzig abschmecken. Einige Zeit im Kühlschrank kalt stellen.

4 Das Toastbrot rösten und diagonal halbieren. Mit der Schinkenmousse bestreichen, mit den Kräutern garnieren und sofort servieren.

Mini-Pizzen
mit Tomaten und Oregano

Knuspriges aus dem Ofen: Diese kleinen Pizzen sind schnell gemacht und schmecken sowohl heiß als auch kalt einfach unwiderstehlich

Zutaten

150 g Magerquark
6 EL Öl · 6 EL Milch
300 g Mehl
1 Päckchen Backpulver
Salz
125 g Mozzarella
Mehl für die Arbeitsfläche
400 g Pizza-Tomaten (aus der Dose)
Pfeffer aus der Mühle
einige Zweige Oregano

Zubereitung

FÜR 4–6 PERSONEN

1 In einer Schüssel den Quark, das Öl und die Milch gut verrühren. Mehl dazusieben, Backpulver und 1/2 Teelöffel Salz hinzufügen. Mit den Händen zu einem glatten Teig verkneten.

2 Den Teig zu einer Kugel formen, in Frischhaltefolie wickeln und 20 Minuten ruhen lassen.

3 Den Backofen auf 180 °C vorheizen. Ein Backblech mit Backpapier auslegen. Den Mozzarella abtropfen lassen und in kleine Würfel schneiden.

4 Aus dem Teig 10 Kugeln formen und mit dem Nudelholz auf einer bemehlten Arbeitsfläche kleine, runde Pizzen von etwa 8 cm Durchmesser ausrollen. Die Pizzen auf das Backblech setzen. Die Tomaten mit Salz und Pfeffer würzen und auf den Pizzen verteilen. Mit den Mozzarellawürfeln bestreuen.

5 Die Pizzen im Backofen auf der mittleren Schiene 20 Minuten backen. Den Oregano waschen und trockenschütteln, die Blättchen von den Zweigen zupfen und vor dem Servieren über die Pizzen streuen.

Tipp

Nahezu grenzenlos ist die Auswahl dessen, womit man Pizzen belegen kann: Salami, Schinken, Pilze, Paprika, Oliven, Thunfisch, Zwiebeln, Parmesan – erlaubt ist, was schmeckt.

Insalata Caprese
in knusprigem Blätterteig

Basilikum, Mozzarella und Tomaten: Der Vorspeisenklassiker aus Italien wird diesmal warm in einer feinen Verpackung aus Blätterteig serviert

Zutaten

300 g Tiefkühl-Blätterteig
Mehl für die Arbeitsfläche
1 Eigelb
700 g reife Tomaten
300 g Mozzarella
1 EL Balsamico-Essig
1 EL Olivenöl
Salz · Pfeffer aus der Mühle
½ TL getrockneter Oregano
Basilikumblätter zum Garnieren

Zubereitung

FÜR 4 PERSONEN

1 Die Blätterteigplatten auf einer Arbeitsfläche nebeneinander auslegen und etwa 10 Minuten auftauen lassen. Dann übereinander legen und auf der bemehlten Arbeitsfläche dünn ausrollen. 6 Rechtecke von etwa 8 x 10 cm Größe ausschneiden. Aus den Teigresten etwa 1 cm breite Streifen schneiden. Das Eigelb verquirlen und die Rechtecke mit dem Eigelb am Rand einstreichen, dann die Teigstreifen als Rand darauf setzen und leicht andrücken.

2 Die Tomaten waschen und in Spalten schneiden, dabei die Stielansätze entfernen. Den Mozzarella abtropfen lassen und in Scheiben schneiden. Den Backofen auf 225 °C vorheizen.

3 Tomaten und Mozzarella auf den Teigböden verteilen, jeweils mit einigen Tropfen Essig und Öl beträufeln, mit Salz und Pfeffer würzen und den Oregano darüber streuen.

4 Die Teigrechtecke im Backofen auf der unteren Schiene 15 bis 20 Minuten goldbraun backen. Mit Basilikum garnieren und sofort servieren.

Tipp

Wenn Sie noch etwas geriebenen Parmesan auf die Füllung streuen, erhalten Sie eine würzige Kruste. Mit klein geschnittenen schwarzen Oliven wird das Mittelmeer-Aroma noch intensiver.

California-Sandwich
mit Pute und Orangen

Zutaten

2 Orangen

200 g Champignons

1 EL Zitronensaft

8 Blätter Kopfsalat

4 EL Crème fraîche

2 TL Senf

abgeriebene Schale von

1 unbehandelten Zitrone

Salz · Pfeffer aus der Mühle

8 Scheiben Vollkorntoastbrot

200 g Putenbrust

(in dünne Scheiben geschnitten)

Zubereitung

FÜR 4 PERSONEN

1 Die Orangen so großzügig schälen, dass auch die weiße Haut mit entfernt wird, und die Früchte quer in dünne Scheiben schneiden. Die Pilze putzen, mit Küchenpapier trocken abreiben, ebenfalls in dünne Scheiben schneiden und mit dem Zitronensaft beträufeln.

2 Die Salatblätter waschen und trockenschütteln. Die Crème fraîche mit Senf und Zitronenschale verrühren, mit Salz und Pfeffer würzen.

3 Die Toastbrotscheiben goldbraun rösten. Die Hälfte der Senfcreme auf 4 Toastbrotscheiben streichen und die Salatblätter, die Putenbrust, die Pilze und die Orangenscheiben dekorativ darauf legen.

4 Die restliche Senfcreme auf den Pilzen und den Orangen verteilen und mit den restlichen Toastbrotscheiben belegen. Jedes Sandwich leicht andrücken und diagonal halbieren.

Hähnchen-Sandwich
mit Frühstücksspeck

Zutaten

12 Scheiben Toast- oder Weißbrot
2 gebratene Hähnchenbrustfilets
einige Blätter Endiviensalat
4 EL Salatmayonnaise
2 Fleischtomaten
8 Scheiben Frühstücksspeck

Zubereitung

FÜR 4 PERSONEN

1 Die Brotscheiben im Toaster goldbraun rösten. Die Hähnchenbrust in feine Scheiben schneiden und auf 4 Brotscheiben verteilen.

2 Die Salatblätter waschen, trockenschütteln und in mundgerechte Stücke zerteilen. Auf die Hähnchenbrust legen und die Hälfte der Mayonnaise darauf streichen. Jeweils mit einer zweiten Scheibe Weißbrot belegen.

3 Die Tomaten waschen und in Scheiben schneiden, dabei die Stielansätze entfernen. Die jeweils zweite Toastbrotscheibe mit der restlichen Mayonnaise bestreichen, die Tomatenscheiben darauf legen.

4 Die Speckscheiben in einer Pfanne ohne Fett knusprig braten, auf die Tomatenscheiben legen und mit Toastbrot abdecken. Die Brotscheiben diagonal halbieren. Mit einem Zahnstocher feststecken und servieren.

Tramezzini
mit Schinken und Tomaten

Der kleine Snack für zwischendurch: In jeder Bar in Italien gibt es zum Espresso diese Sandwich-Dreiecke mit einer leckeren Füllung

Zutaten

Für 1 Sandwich-Brot:

500 g Mehl

Salz

6 EL Milch

30 g frische Hefe

Fett für die Form

Für die Füllung:

50 g Frischkäse

1–2 EL Milch

1 Bund Rucola

4–6 getrocknete, in Öl eingelegte Tomaten

4 dünne Scheiben roher Schinken

Zubereitung

FÜR 4 PERSONEN

1 Das Mehl in eine Schüssel sieben und mit 1 gehäuften Teelöffel Salz mischen. Eine Mulde in die Mitte drücken. Die Milch lauwarm erhitzen. Die Hefe zerbröckeln, mit der Milch verrühren und in die Mulde geben. Mit etwas Mehl verrühren. Die Schüssel abdecken und den Vorteig an einem warmen Ort 30 Minuten gehen lassen.

2 Danach etwa 1/4 l lauwarmes Wasser dazugeben und alles zu einem glatten Teig kneten, der sich vom Schüsselrand löst. Weitere 45 Minuten gehen lassen. Den Backofen auf 220 °C vorheizen. Eine Kastenform (30 cm Kantenlänge) leicht einfetten. Den Teig nochmals durchkneten, in die Form geben und glatt streichen. Im Backofen auf der mittleren Schiene 15 Minuten backen. Dann die Hitze auf 190 °C herunterschalten und weitere 25 Minuten backen.

3 Für die Füllung den Frischkäse mit Milch glatt rühren. Rucola verlesen, waschen und trockenschütteln. Grobe Stiele entfernen und die Blätter grob zerkleinern. Die Tomaten abtropfen lassen und klein schneiden.

4 Das Sandwich-Brot in Scheiben schneiden. Alle Scheiben mit Frischkäse bestreichen. Die Hälfte der Scheiben mit Tomaten belegen, den Schinken darauf legen und den Rucola darauf verteilen. Mit den restlichen Brotscheiben bedecken, leicht andrücken und diagonal halbieren.

Tipp

Sehr beliebt in Italien sind Thunfisch-Tramezzini. Dazu Thunfisch (im eigenen Saft) abtropfen lassen, mit Mayonnaise, Crème fraîche und Kapern vermischen. Mit Zitronensaft, Salz und Pfeffer würzen.

Pikante Schnecken
mit Tomatenpesto

Eine ungewöhnliche Kreation für jede Gelegenheit: Zarter Blätterteig wird mit einem würzigen Pesto kombiniert

Zutaten

6 getrocknete, in Öl eingelegte Tomaten
1 Knoblauchzehe
1 EL Olivenöl
1 EL Pinienkerne
3 EL geriebener Parmesan
250 g Tiefkühl-Blätterteig
Mehl für die Arbeitsfläche
1 Eigelb
1 EL Milch

Zubereitung

FÜR 20 STÜCK

1 Die Tomaten abtropfen lassen und fein hacken. Den Knoblauch schälen und fein hacken. Tomaten mit Knoblauch, Öl, Pinienkernen und 1 Esslöffel Parmesan im Mixer pürieren.

2 Die Blätterteigplatten auf einer Arbeitsfläche nebeneinander auslegen und etwa 10 Minuten auftauen lassen. Die Platten aufeinander legen und auf der bemehlten Arbeitsfläche zu einem Rechteck von 15 x 35 cm ausrollen. Die Ränder mit einem scharfen Messer gerade schneiden und das Tomatenpesto gleichmäßig auf den Teig verstreichen. Die Teigplatte längs von beiden Seiten her zusammenrollen. Dabei möglichst fest rollen, damit der Teig beim Backen zusammenhält.

3 Die Rolle 20 Minuten in den Kühlschrank legen und fest werden lassen. Den Backofen auf 200 °C vorheizen. Ein Backblech mit Backpapier auslegen. Das Eigelb mit der Milch verrühren.

4 Die Teigrolle aus dem Kühlschrank nehmen, in etwa 1 cm dicke Scheiben schneiden und mit dem verquirlten Eigelb bestreichen. Die Teigschnecken im Backofen auf der mittleren Schiene 10 Minuten knusprig backen. Das Gebäck sofort mit dem restlichen Parmesan bestreuen und auf einem Kuchengitter abkühlen lassen.

Tipp

Die Schnecken schmecken auch mit jeder Art von grünem Pesto sehr lecker. Mit tiefgekühltem Blätterteig und Pesto aus dem Glas sind sie der ideale Snack für überraschenden Besuch.

Kartoffelhörnchen
mit Schafskäsefüllung

Zutaten

3 mittelgroße Kartoffeln

Salz · 500 g Mehl

1 Päckchen Backpulver

125 g flüssige Butter

Pfeffer aus der Mühle

Mehl für die Arbeitsfläche

125 g Schafskäse

2 EL gehackte Petersilie

1 Eigelb

Sesamsamen zum Bestreuen

Zubereitung

FÜR 24 STÜCK

1 Die Kartoffeln schälen und in Salzwasser etwa 25 Minuten garen, abgießen und noch heiß durch die Kartoffelpresse drücken.

2 Mehl, Backpulver und Butter zu den Kartoffeln geben, mit Salz und Pfeffer würzen und alles rasch zu einem Teig verkneten. Den Teig in zwei Hälften teilen und auf einer bemehlten Arbeitsfläche jeweils etwa 1/2 cm dick ausrollen. Jede Teigplatte in 12 Dreiecke schneiden.

3 Den Backofen auf 200 °C vorheizen. Schafskäse zerbröckeln und mit der Petersilie und etwas Pfeffer vermengen. Je 1 Teelöffel Schafskäse auf die breite Seite der Dreiecke geben und von dieser Seite aufrollen. Die Spitzen leicht andrücken.

4 Das Eigelb verquirlen, die Hörnchen damit bestreichen und mit Sesamsamen bestreuen. Die Hörnchen im Backofen auf der mittleren Schiene etwa 20 Minuten goldbraun backen.

Quarkhörnchen
mit Schinken und Käse

Zutaten

100 g Magerquark
200 g Mehl
200 g Butter
2 Eigelb
Salz
Mehl für die Arbeitsfläche
200 g gekochter Schinken
200 g Emmentaler

Zubereitung

FÜR 4–6 PERSONEN

1 Quark, Mehl, Butter, 1 Eigelb und 1 Prise Salz zu einem glatten Teig kneten. Den Teig zu einer Kugel formen und abgedeckt 1 bis 2 Stunden im Kühlschrank kalt stellen.

2 Den Backofen auf 170 °C vorheizen. Den Teig auf einer bemehlten Arbeitsfläche etwa 1 cm dick ausrollen. Mit einem Messer 10 x 10 cm große Quadrate ausschneiden und diagonal halbieren.

3 Auf die breite Seite der Dreiecke je 1 Scheibe Schinken und Käse legen und zur Spitze hin aufrollen, dabei die Spitze unter die Hörnchen schieben.

4 Die Quarkhörnchen auf ein Backblech legen. Das Eigelb mit etwas Wasser verquirlen und die Hörnchen damit bestreichen. Im Backofen auf der mittleren Schiene etwa 20 Minuten goldbraun backen. Abkühlen lassen und servieren.

Mini-Sandwiches
mit Rucola und Meerrettich

Herzhaftes im Doppelpack: Für alle, die gern etwas Pikantes zu Kaffee & Co. genießen, sind diese Minis das perfekte Dreamteam

Zutaten

1 Bund Rucola
1/2 Salatgurke
6 EL Frischkäse
2 TL geriebener Meerrettich (frisch oder aus dem Glas)
Salz · Pfeffer aus der Mühle
1 EL Pistazien
je 4 Scheiben Vollkorntoast- und Vollkornbrot
4 Scheiben Räucherlachs

Zubereitung

FÜR 4 PERSONEN

1 Den Rucola verlesen, waschen und trockenschütteln. Grobe Stiele entfernen und die Blätter grob zerkleinern. Die Gurke schälen und in feine Scheiben schneiden oder hobeln.

2 Den Frischkäse mit dem Meerrettich glatt rühren, mit Salz und Pfeffer würzen. Die Pistazien fein hacken. Die Toastbrotscheiben leicht rösten oder kurz unter dem Backofengrill bräunen.

3 Die Toastbrotscheiben und zwei Scheiben Vollkornbrot mit Frischkäse bestreichen. Gurken und Rucola auf den bestrichenen Toastbrotscheiben verteilen, mit den restlichen Toastbrotscheiben bedecken und leicht andrücken. Die Toastbrote diagonal vierteln und mit Holzspießchen servieren.

4 Die bestrichenen Vollkornbrote mit dem Räucherlachs belegen und mit den Pistazien bestreuen, nach Belieben Pfeffer grob darüber mahlen. Mit den restlichen Brotscheiben bedecken. Die Sandwiches vierteln, nach Belieben mit Rucola garnieren und mit Holzspießchen feststecken.

Tipp

Als Belag können Sie auch eine Lachscreme zubereiten: Dafür 150 g klein geschnittenen Räucherlachs mit jeweils 50 g Sahne und Ricotta pürieren. Mit Salz, Pfeffer und Zitronensaft würzen.

Mini-Sandwiches
mit Gurke und Kresse

Zutaten

½ Salatgurke

1 Kästchen Kresse

3 EL weiche Butter

3 EL Sahnequark

1 EL geriebener Meerrettich (frisch oder aus dem Glas)

Salz · Pfeffer aus der Mühle

Senfpulver

4 Blätter Kopfsalat

8 Scheiben Sandwich-Brot

Zubereitung

FÜR 16 STÜCK

1 Die Gurke waschen oder schälen und in dünne Scheiben schneiden oder hobeln. Die Kresseblättchen mit der Schere vom Beet schneiden, in einem Sieb abbrausen und abtropfen lassen. Einige Blättchen für die Deko beiseite legen.

2 Butter, Quark, Meerrettich, Salz, Pfeffer und 1 Prise Senfpulver mit einer Gabel gründlich zerdrücken und vermischen, zum Schluss die Kresse unterrühren.

3 Die Salatblätter waschen und trockenschütteln. Die Brotscheiben entrinden und die Hälfte der Scheiben mit der Buttermischung bestreichen. Die Gurken dachziegelartig darauf legen, mit Salat und restlichen Brotscheiben bedecken.

4 Die Sandwiches jeweils vierteln, mit der restlichen Kresse bestreuen und zum Servieren mit Holzspießchen fixieren.

Sandwich-Rollen
mit Roastbeef und Rucola

Zutaten

1 Staude Chicorée
1 EL Butter
2 EL Pinienkerne
150 g Mascarpone
50 g Sahne
1 TL eingelegte grüne Pfefferkörner
Salz · 1 Bund Rucola
4 große Scheiben Sandwich-Brot
8 Scheiben Roastbeef

Zubereitung

FÜR 8 STÜCK

1 Den Chicorée waschen, längs halbieren und den Strunk keilförmig herausschneiden. Die Blätter in kleine Würfel schneiden. Die Butter schmelzen und die Pinienkerne darin goldbraun rösten. Die Chicoréewürfel dazugeben, 3 Minuten mitbraten und abkühlen lassen.

2 Mascarpone mit Chicoréewürfeln und Sahne verrühren. Pfefferkörner fein hacken und untermischen, Chicoréecreme mit Salz abschmecken.

3 Den Rucola verlesen, waschen und trockenschütteln, grobe Stiele entfernen. Die Brotscheiben entrinden, mit der Chicoréecreme bestreichen, mit dem Roastbeef und den Rucolablättern belegen. Die Brotscheiben von der schmalen Seite her fest einrollen, in Frischhaltefolie wickeln und mindestens 1 Stunde im Kühlschrank kalt stellen.

4 Zum Servieren jede Sandwich-Rolle in zwei Stücke schneiden und mit Holzspießchen fixieren.

Crostini
in drei Variationen

Wer die Wahl hat, hat die Qual: Mit Rührei, Dill-Krabben oder Tomaten buhlt hier ein verführerisches Trio um die Gunst der Genießer

Zutaten

1 Baguette
1 Ei · 30 g Crème fraîche
1 EL Schnittlauchröllchen
Salz · Pfeffer aus der Mühle
1 EL Butter · 2 kleine Tomaten
einige Blätter Basilikum
2 TL Balsamico-Essig
3 EL Olivenöl
60 g Garnelen (küchenfertig)
60 g gekochter Schinken (am Stück)
1 Frühlingszwiebel
2–3 TL gehackter Dill
1–2 TL Zitronensaft

Zubereitung

FÜR CA. 20 STÜCK

1 Den Backofengrill einschalten. Das Baguette schräg in etwa 20 Scheiben schneiden und die Baguettescheiben unter dem Backofengrill etwa 5 Minuten goldbraun rösten.

2 Den Backofen auf 100 °C vorheizen. Für den Rührei-Belag das Ei mit der Crème fraîche verrühren, Schnittlauchröllchen hinzufügen, mit Salz und Pfeffer würzen.

3 Die Butter in einer Pfanne schmelzen, die Ei-Schnittlauch-Mischung hineingießen und unter Rühren stocken lassen. Das Rührei auf 6 bis 7 Brotscheiben verteilen und diese mit den restlichen Brotscheiben im Backofen warm halten.

4 Für den Tomaten-Belag die Tomaten waschen und in kleine Stücke schneiden, dabei die Stielansätze entfernen. Basilikum waschen, trockentupfen und in feine Streifen schneiden. Mit den Tomatenstücken, Essig und Öl vermischen.

5 Für den Garnelen-Schinken-Belag die Garnelen in einem Sieb abbrausen und abtropfen lassen. Den Schinken in kleine Würfel schneiden. Die Frühlingszwiebel putzen, waschen und in feine Ringe schneiden. Mit den Garnelen, den Schinkenwürfeln, dem Dill und dem Zitronensaft vermischen, mit Salz und Pfeffer abschmecken.

6 Den Tomaten- und den Garnelen-Schinken-Belag auf den restlichen Crostini verteilen. Nach Belieben die Rührei-Crostini mit Schnittlauch, die Tomaten-Crostini mit Basilikum und die Garnelen-Schinken-Crostini mit Dillspitzen garnieren.

Bagels
selbst gemacht

Der Teigkringel hat Hochkonjunktur: Ob süß oder salzig belegt, die Brötchen mit dem Loch in der Mitte schmecken zu jeder Tageszeit

Zutaten

500 g Mehl

1 Würfel Hefe (42 g)

1 TL Zucker

50 g Butter

Salz

1 Eigelb

Sesam- oder Leinsamen zum Bestreuen

Zubereitung

FÜR 10–12 STÜCK

1 Das Mehl in eine Schüssel sieben und in die Mitte eine Mulde drücken. Die Hefe in 1/8 l warmem Wasser auflösen und in die Mulde gießen. Zucker darüber streuen. Die Hefe mit etwas Mehl verrühren und etwa 15 Minuten gehen lassen.

2 Die Butter schmelzen und abkühlen lassen. Mit 1 Teelöffel Salz und 1/8 l warmem Wasser zum Mehl geben und alles mit den Händen etwa 10 Minuten zu einem glatten Teig kneten. Zugedeckt an einem warmen Ort 1 Stunde gehen lassen, bis sich sein Volumen verdoppelt hat.

3 In einem großen Topf reichlich Salzwasser zum Kochen bringen. Den Backofen auf 200 °C vorheizen. Ein Backblech mit Backpapier auslegen.

4 Aus dem Teig 10 bis 12 Kugeln drehen, zu einem flachen Kreis formen und mit dem Zeigefinger oder dem Kochlöffelstiel in die Mitte ein großes Loch drücken. Die Teigringe portionsweise 1 bis 2 Minuten im siedenden Wasser ziehen lassen, herausheben, abtropfen lassen und auf das Backblech geben. Das Eigelb mit 1 Esslöffel Wasser verquirlen und die Bagels damit bestreichen. Nach Belieben mit Sesam- oder Leinsamen bestreuen.

5 Die Bagels im Backofen auf der mittleren Schiene 20 bis 25 Minuten goldbraun backen. Die Bagels etwas abkühlen lassen, mit einem Messer aufschneiden und nach Belieben belegen. Am besten schmecken sie ofenwarm.

Hähnchen-Sandwich
mit Avocado und Schinken

Zutaten

2 Hähnchenbrustfilets (à 200 g)
Salz · Pfeffer aus der Mühle
1 EL Butterschmalz
1 Avocado
2 TL Zitronensaft
1 Möhre
1 Frühlingszwiebel
6 EL Mayonnaise
12 Scheiben Sandwich-Brot
4 Scheiben geräucherter oder gekochter Schinken
einige Blätter Eisbergsalat

Zubereitung

FÜR 4 PERSONEN

1 Hähnchenbrustfilets waschen, trockentupfen und mit Salz und Pfeffer einreiben. Butterschmalz in einer Pfanne erhitzen und die Hähnchenbrustfilets darin bei mittlerer Hitze auf jeder Seite 5 bis 7 Minuten braten.

2 Die Avocado der Länge nach bis zum Kern einschneiden und teilen. Den Kern herauslösen. Die Avocado schälen und in kleine Würfel schneiden, mit Zitronensaft beträufeln. Die Möhre schälen und fein raspeln. Die Frühlingszwiebel putzen, waschen und in feine Ringe schneiden. Möhrenraspel, Frühlingszwiebelringe und Avocadowürfel mit der Mayonnaise mischen. Mit Salz und Pfeffer würzen.

3 Brotscheiben goldbraun rösten. Auf 4 Scheiben den Schinken legen, mit der Hälfte der Mayonnaise-Mischung bestreichen und je 1 Brotscheibe darauf legen. Salatblätter waschen, trockenschütteln und darauf verteilen. Hähnchenbrustfilets in dünne Scheiben schneiden. Auf die Salatblätter geben und die restliche Mayonnaise darauf verteilen. Mit restlichen Brotscheiben belegen und diagonal halbieren.

Räucherlachs-Bagel

mit Orangen und Dill

Zutaten

1 Orange
2 EL Mayonnaise
2 EL saure Sahne
½ TL Sahnemeerrettich
Salz · Pfeffer aus der Mühle
einige Blätter Romanasalat
4 Sesambagels
4 Scheiben Räucherlachs
roter Pfeffer und Dillspitzen zum Garnieren

Zubereitung

FÜR 4 PERSONEN

1 Die Orange so großzügig schälen, dass auch die weiße Haut mit entfernt wird. Mit einem spitzen Messer die Filets zwischen den Trennhäuten herausschneiden, den Saft dabei auffangen.

2 Die Mayonnaise mit der sauren Sahne, dem Meerrettich und etwa 1 Teelöffel Orangensaft verrühren, sodass eine weiche Creme entsteht. Mit Salz und Pfeffer würzen. Die Salatblätter gründlich waschen und trockenschleudern.

3 Die Bagels aufschneiden. Jeweils die unteren Hälften mit der Creme bestreichen. Mit Salatblättern belegen und die Orangenfilets darauf verteilen. Je 1 Scheibe Räucherlachs darauf legen. Mit grob gemahlenem rotem Pfeffer bestreuen und nach Belieben mit Dill garnieren. Mit der oberen Bagelhälfte bedecken.

Maismuffins
mit Paprika und Käse

À la Texmex: Die herzhafte Variante der beliebten Küchlein sorgt bei Ihren Gästen sicher für eine gelungene Überraschung

Zutaten

je 1 kleine rote und grüne Paprikaschote
100 g Maiskörner (aus der Dose)
100 g Mehl · 150 g Polenta
150 geriebener Bergkäse
2 1/2 TL Backpulver
1/2 TL Natron
Salz · Pfeffer aus der Mühle
1 Ei · 60 ml Maiskeimöl
300 g Joghurt oder saure Sahne
Fett für das Muffinblech

Zubereitung

FÜR 4 PERSONEN

1 Den Backofen auf 180 °C vorheizen. Die Paprikaschoten längs halbieren, entkernen, waschen und in kleine Würfel schneiden. Die Maiskörner in einem Sieb abtropfen lassen.

2 Mehl, Polenta, 100 g Bergkäse, Paprikawürfel, Mais, Backpulver und Natron gründlich vermischen. Mit Salz und Pfeffer kräftig würzen.

3 Das Ei verquirlen. Mit Öl und Joghurt oder saurer Sahne verrühren. Die Mehlmischung hinzufügen und nur so lange unterrühren, bis alle Zutaten feucht sind.

4 Den Teig in die gefetteten Vertiefungen eines Muffinblechs oder in Papier-Backförmchen füllen. Am besten 2 bis 3 Papierförmchen ineinander setzen. Mit dem restlichen Käse bestreuen und im Backofen auf der mittleren Schiene 25 bis 30 Minuten backen. Die Muffins noch 5 Minuten ruhen lassen, aus den Förmchen nehmen und warm servieren.

Tipp

Wer die Maismuffins etwas schärfer mag, kann noch Chilipulver, Paprikapulver und/oder Tabascosauce dazugeben. Mit Polenta (Maisgrieß) werden die Muffins etwas körniger, mit Maismehl feiner.

Rezeptregister

Impressum

2. Auflage 2005
ISBN 3-89883-122-1

Grafische Gestaltung: Georg Feigl
Rezepte: ZS-Team
Redaktion: Eva Abenstein, Edelgard Prinz-Korte, Kathrin Ullerich
Herstellung: Karin Mayer, Peter Karg-Cordes
Lithografie: Christine Rühmer
Druck & Bindung: L.E.G.O., Vicenza

Bildnachweis

Umschlag: S. Eising (Cover); StockFood/Caggiano Photography (Rückseite o.), W. Cimbal (Rückseite M.), StockFood/S. & P. Eising (Rückseite u.)
W. Cimbal: 7 u., 15; J. Kirchherr (Styling O. Brachat): 8, 9 o., 10–11, 13, 19, 20, 21, 23, 27, 41, 62–63, 65, 71, 87, 89, 91, 101, 111, 113, 127; StockFood/K. Arras: 59; StockFood/I. Bagwell: 44; StockFood/Bayside: 36, 74, 81, 96–97, 107; StockFood/U. Bender: 17; StockFood/H. Bischof: 45; StockFood/A. Blake: 2–3; StockFood/G. Bohle: 4–5; StockFood/M. Brauner: 115; StockFood/M. Boyny: 28, 80; StockFood/Caggiano Photography: 88; StockFood/J. Cazals: 7 Mitte o., 35, 39, 51, 57; StockFood/B. Da Costa: 79; StockFood/Eising (M): 9 u., 93; StockFood/Foodphotography Eising: 25, 55, 95, 117, 121; StockFood/P. A. Eising: 7 Mitte u.; StockFood/S. Eising: 1, 6 r., 37, 50, 58, 102, 103, 105, 109; StockFood/S. & P. Eising: 7 r., 33, 43, 47, 73, 75, 77, 99, 108; StockFood/L. Ellert: 49; StockFood/B. Euler: 7 o., 14; StockFood/M. O. Finley: 83; StockFood/D. Johns: 123; StockFood/N. Leser: 61; StockFood/L. Lister: 85; StockFood/R. Marcialis: 30–31, 53; StockFood/A. Plewinski: 114; StockFood/S. Smith: 67; StockFood/Studio Adna: 69, 94; StockFood/Studio Bonisolli: 124; StockFood/Studio Eising: 6 l.; StockFood/M. Urban: 9 Mitte, 29, 125; StockFood/F. Wieder: 68; M. Wissing: 118, 119

Brownie auf dem Cover: siehe Rezept S. 66